Inhalt

AF138019

Inhalt

Symbole und Abkürzungen

✳	Anmerkung	**!**	Hinweis auf häufige Fehlerquelle
AE	amerikanisches Englisch	BE	britisches Englisch
dt.	deutsch		

01 Das Nomen (Substantiv)
Nouns

1 Personenbezeichnungen und Sachbezeichnungen
Nouns for persons and nouns for things

girl – boy

grandmother – grandfather

Personenbezeichnungen

My **grandfather** took part in the London Marathon last spring. My **grandmother** took some pictures of him when he was running across Tower Bridge.
Who is the **woman** in this photo?

Is your **friend** staying with you over the weekend? – No, I'm afraid *she* has to go back this evening.
Our **neighbour** is taking us to the station in *his* car.

Has the **doctor** come yet? – **She**'s just arriving in *her* car.
Have you met my **cousin** *Rebecca*?

Es gibt Nomen (Substantive), die sich nur auf männliche und solche, die sich nur auf weibliche Personen beziehen wie *girl – boy*, *man – woman* und *grandmother – grandfather*.

Anders als im Deutschen beziehen sich aber die meisten Personenbezeichnungen auf beide Geschlechter. Das gilt für *friend, neighbour, child, cousin* usw., außerdem für die meisten Berufsbezeichnungen (z. B. *doctor, police officer, bus driver*).
Ob es sich um eine männliche oder weibliche Person handelt, wird oft erst durch Wörter wie *he/she, his/her* oder einen Eigennamen deutlich (*the doctor in her car, my cousin Rebecca* usw.).

* In einigen Fällen haben Bezeichnungen für weibliche Personen die Nachsilbe *-ess*, z. B. *waitress* (Kellnerin), *princess* (Prinzessin). Diese Nachsilbe ist jedoch viel seltener als im Deutschen die Nachsilbe *-in*.

police officer

doctor

Sachbezeichnungen

Where's the **bread knife?** – Here *it is.*
There are no more **forks** left. *They* must be all in the dishwasher.
This **bread is** good! – I'm glad you like *it.*
That **music sounds** lovely. Who is *it* by?

These *stairs are* rather dangerous, *aren't they?*
Please put your **clothes** away in the cupboard. Don't leave *them* all on that chair.

Zu den Sachbezeichnungen gehören Nomen wie *knife, fork* usw., die sich auf Gegenstände beziehen. Sie können im Singular und Plural gebraucht werden.
Außerdem gehören dazu Stoffbezeichnungen wie *bread* und *milk* und abstrakte Begriffe wie *music*, die nur im Singular verwendet werden können.

Eine weitere Klasse von Sachbezeichnungen sind Sammelbegriffe wie *stairs* und *clothes*, die nur mit Plural-*s* gebraucht werden.

2 Singular- und Pluralformen des Nomens
The singular and plural forms of nouns

1. Plural auf -*s*

Singular	Plural auf -*s*	
one shop	two shops	[-s]
one park	two parks	[-s]
one tree	five trees	[-z]
one garden	two gardens	[-z]
one church	four churches	[-ɪz]
one bridge	three bridges	[-ɪz]
one potato	lots of potatoes	
one tomato	some tomatoes	
Aber:		
one photo	several photos	
a thief [-f]	three thieves	[-vz]
one knife [-f]	two knives	[-vz]
Aber:		
one roof [-f]	all the roofs	[-fs]
one baby	two babies	
Aber:		
one boy	three boys	

Die Pluralform wird im Englischen bei den meisten Nomen auf -*s* gebildet. Aussprache:
– [-s] nach stimmlosem Laut:
  [p, t, k usw.]
– [-z] nach stimmhaftem Laut:
  Vokale und [b, d, g, m, n usw.]
– [-ɪz] nach Zischlaut: [s, z, ʃ, tʃ, dʒ, ʒ]
  (Schreibung: -*es*).
Beachte die Aussprache von *house* [haʊs], *houses* [ˈhaʊzɪz].

Besonderheiten:
Bei einigen Nomen auf -*o* wird ebenfalls -*es* angefügt.
Aber: Bei *photo, radio, piano, disco, video* wird nur -*s* angehängt.

Bei Nomen, die auf -*f* oder -*fe* enden, wird der Plural meist auf -*ves* gebildet.
Aber: Bei *roof, proof, chief, handkerchief* wird nur ein -*s* angehängt.

Nach Konsonant wird -*y* zu -*ies*.

Nach Vokal bleibt das -*y* jedoch erhalten.

* Bei zusammengesetzten Nomen wird das Plural-s normalerweise an das letzte Wort angefügt:
lorry drivers, school teachers, grown-ups, drive-ins, five-year-olds, printouts, breakthroughs.
Ausnahmen: *sons-in-law* (Schwiegersöhne), *sisters-in-law* (Schwägerinnen), *passers-by* (Passanten).

2. Andere Pluralformen

Singular	Umlaut-Plural	Singular	Plural auf -(r)en
one man [mæn]	two men [mɛn]	one child [tʃaɪld]	two children ['tʃɪldrən]
one woman ['wʊmən]	two women ['wɪmɪn]	one ox [ɒks]	two oxen ['ɒksən]
one foot [fʊt]	two feet [fiːt]	**Singular**	**endungsloser Plural**
one tooth [tuːθ]	32 teeth [tiːθ]	one sheep	fifty sheep
one goose [guːs]	several geese [giːs]	one fish	hundreds of fish
one mouse [maʊs]	a lot of mice [maɪs]	one deer	some deer (Rotwild)

3 Nomen, die nur im Singular gebraucht werden
Nouns used only in the singular

Sammelbegriffe wie *furniture, hair, fruit* und *information*

The **furniture** in this window *is* nice!
But look how expensive *it is.*
Die Möbel … *sind* schön! Aber schau, wie teuer *sie sind.*
Where's the **fruit** that we got at the market?
Here *it is.*
Wo ist das **Obst** / Wo *sind* die **Früchte**, …?
I really must have my **hair** cut. *It looks* terrible.
Ich muss mir wirklich die **Haare** schneiden lassen. *Sie sehen*
schrecklich aus.
Have you done your **homework**? – Yes, I've
finished *it* all now. Hast du deine **Hausaufgaben** gemacht?
The **information** in this leaflet *isn't* very useful.
Die **Informationen** in dieser Broschüre *sind* nicht sehr nützlich.
But the **advice** we got at the information centre *was* quite helpful.
Aber die **Ratschläge** … *waren* …
John works hard, but his **progress** *is* slow. …
aber seine **Fortschritte** *sind* gering.

Sammelbegriffe wie *furniture* (die Möbel), *luggage* (das Gepäck), *hair* (die Haare, das Haar) und *fruit* (das Obst, die Früchte) werden nur im Singular verwendet. Verb und Pronomen stehen ebenfalls im Singular. Auch *homework, information* (die Information / die Informationen), *advice* (der Rat / die Ratschläge) und *progress* (der Fortschritt, die Fortschritte) gebraucht man nur im Singular.

 Die Pluralform *hairs* kann man verwenden, wenn man einzelne Haare meint:

You've got **a few hairs** on your jacket.

Nomen auf -s wie *news, mathematics, the United States*

Let's switch TV on. The **news** *is* coming on.
Die **Nachrichten** *kommen*.
Maths (Mathematics) *is* my favourite subject. I really enjoy *it*.
The United States (The USA) *has* a large Spanish-speaking population. **Die USA** *haben* …

Obwohl diese Nomen eine Pluralendung auf -s haben, werden sie wie eine Singularform verwendet.

4 Nomen, die nur im Plural gebraucht werden
Nouns used only in the plural

Paarwörter wie *trousers*

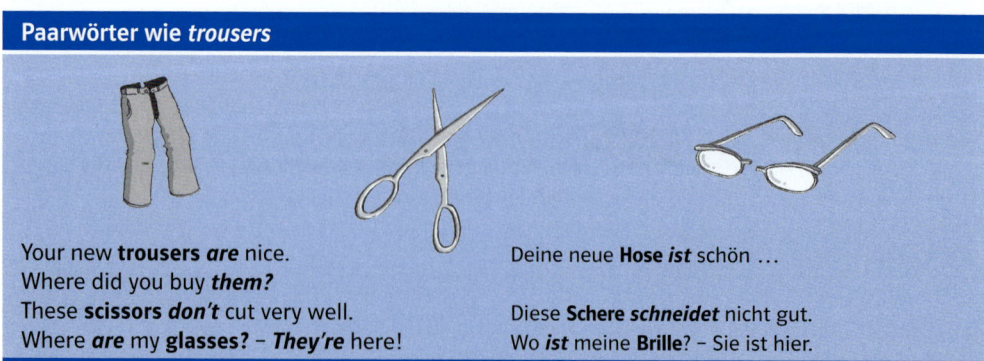

Your new **trousers** *are* nice.
Where did you buy *them?*
These **scissors** *don't* cut very well.
Where *are* my **glasses?** – *They're* here!

Deine neue **Hose** *ist* schön …

Diese **Schere** *schneidet* nicht gut.
Wo *ist* meine **Brille**? – Sie ist hier.

Diese Paarwörter bezeichnen Dinge, die aus zwei Teilen bestehen.
Weitere Beispiele: *jeans, pyjamas* – Schlafanzug, *tights* – Strumpfhose, *shorts* – kurze Hose.

Sammelbegriffe wie *clothes* und *stairs*

Ladies' **clothes** *are* on the first floor, madam.
Damen**bekleidung** *ist* im ersten Stock.
The **stairs** *are* over there on the right.
Die **Treppe** *ist* dort drüben rechts.

Im Gegensatz zu ihren deutschen Entsprechungen werden *clothes* [kləʊðz] und *stairs* nur im Plural gebraucht.

People und *police*

Most **people** in big cities **worry** about crime.
The **police** *are* very helpful in emergencies.   Die **Polizei** *ist* in Notfällen sehr hilfsbereit.
They can be called day and night.   *Sie kann* … gerufen werden.

* Bei einer Gruppenbezeichnung wie *team, family, crowd, class* können Verb und Pronomen im Singular oder im Plural stehen. Den Plural verwendet man, wenn man an die einzelnen Mitglieder der Gruppe denkt.

Our rugby **team** *isn't* very strong this year. *It needs* a new coach.

Our school **team** *are* away in London at the moment. *They are* playing in the National Cup.

5 Mengenangaben bei Nomen, die nur im Singular oder nur im Plural gebraucht werden
Expressions of quantity with nouns used only in the singular or only in the plural

Vor Nomen, die nur im Singular oder nur im Plural gebraucht werden, verwendet man zur Mengenangabe folgende Umschreibungen:

Mengenangaben bei Stoffbezeichnungen

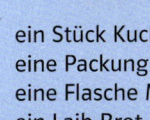

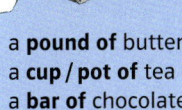
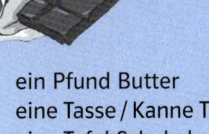

a **piece of** [əv] cake	ein Stück Kuchen	a **pound of** butter	ein Pfund Butter
a **packet of** tea	eine Packung Tee	a **cup / pot of** tea	eine Tasse / Kanne Tee
a **bottle of** milk	eine Flasche Milch	a **bar of** chocolate	eine Tafel Schokolade
a **loaf of** bread	ein Laib Brot	a **slice of** bread	eine Scheibe Brot

Mengenangaben mit *pair of*

a **pair of** glasses	eine Brille	two **pairs of** scissors	zwei Scheren
two **pairs of** pyjamas	zwei Schlafanzüge	five **pairs of** shorts	fünf Paar Shorts

<table>
<tr><td colspan="2">Mengenangaben mit piece of oder some / any</td></tr>
</table>

They've found a flat – but they haven't got a single **piece of** furniture yet.	… aber sie haben noch kein einziges Möbelstück.
How many **pieces of** luggage have you got?	Wie viele Gepäckstücke habt ihr?
I need **some** advice. I wonder if you could help me.	Ich brauche einen Rat.
Have you got **any** scissors? I'd like to cut out this advert.	Hast du eine Schere?

6   *s*-Genitiv und *of-phrase*
s-genitive and *of*-phrase

1. Bildung und Aussprache des *s*-Genitivs

Singular	
Kate's book	[keɪts]
Mum's computer	[mʌmz]
Charles's CDs	[ˈtʃɑːlzɪz]
Alice's magazine	[ˈælɪsɪz]

Im Singular wird ein Apostroph und -*s* an das Nomen angefügt. Aussprache:
[s] nach stimmlosem Laut: [p, t, k usw.]
[z] nach stimmhaftem Laut: Vokale, [b, d, g, l usw.]
[z] nach Zischlaut: [s, z, ʃ, tʃ, dʒ, ʒ]

Plural	
my parents' car	[ˈpeərənts]
the boys' room	[bɔɪz]
the children's toys	[ˈtʃɪldrənz]
men's clothes	[menz]

Bei Pluralformen auf -*s* wird nur ein Apostroph angefügt.
Bei anderen Pluralformen wird ein Apostroph und -*s* angefügt (wie im Singular). Auch hier richtet sich die Aussprache des -*s* nach dem vorangehenden Laut.

2. Verwendung

***s*-Genitiv bei Personen und Tieren**	***of-phrase* bei Dingen**
I've brought **Ronny's guitar**. He left it behind at **the Browns' party**. **Blackie's bed** is under the kitchen table. Don't take **the dog's biscuits** away – it might bite!	There's a big supermarket in **the centre of the town**. Let's put the bags in **the back of the car**. Look at that big bird on **the roof of the church**.
Bei Personen wird vorwiegend der *s*-Genitiv verwendet (Ausnahme: vgl. Kasten rechts). Der *s*-Genitiv ist aber auch bei Tieren allgemein üblich (selbst dann, wenn man als Personalpronomen *it* verwenden würde).	Bei Dingen wird vorwiegend die *of-phrase* verwendet. Bei Personen steht die *of-phrase* nur dann, wenn die Personenbezeichnung durch eine nähere Bestimmung sehr lang wird, z. B.: *What was the name of the actor who played the main part in the film last night?*

Den s-Genitiv verwendet man auch bei Orten, Ländern und Institutionen (vor allem im Zeitungsstil) sowie bei Zeitbezeichnungen.

Tower Bridge is one of **London's** most famous sights.
Birmingham is **Britain's** second-largest city.
This is **yesterday's** newspaper, not **today's**. … die Zeitung von gestern …
We had an **hour's** walk along the beach. … einen einstündigen Spaziergang …

7 Der *s*-Genitiv ohne nachfolgendes Nomen
The *s*-genitive without a noun

Bezugswort vorher genannt	
That's a nice **camera**. – It's **my mother's**. I've only borrowed it. Whose **bike** is that outside? – It must be **Peter's**.	Das Bezugswort des Genitivs (z. B. *camera*) kann entfallen, wenn es schon vorher genannt wurde. Dies ist z. B. bei Fragen mit *whose* der Fall.

Ausdrücke wie *at the butcher's*	
We get our meat **at the butcher's** in Queen Street. Where's Tim? – He's **at David's** / **at the Longs'**. I have to go **to the doctor's** tomorrow. **St Paul's** isn't far from the Tower.	Bei Geschäften, Privatwohnungen, Arztpraxen und bekannten Gebäuden wird das Bezugswort (*shop, house, cathedral* usw.) als bekannt vorausgesetzt, auch wenn es nicht vorher erwähnt wurde. Der Genitiv kann hier allein stehen.

CHEMIST

Maybe we can get some speed pills at the chemist's.

8 Der bestimmte Artikel: Form und Aussprache
The definite article: form and pronunciation

the [ðə]	*the* [ðɪ]
the **p**lane	the **I**rish plane
the **f**light	the **e**arly flight
the **n**ew airport	the **a**irport
the **Eu**ropean airlines [jʊərəˈpiːən]	
the **U**nited States [jʊˈnaɪtɪd]	
	the **h**our before your flight [ˈaʊə]
	the **S**OS signal [ˌes əʊ ˈes]

Der bestimmte Artikel wird immer *the* geschrieben. Die Aussprache ist vor Konsonanten [ðə], vor Vokalen [ðɪ]. Ausschlaggebend ist, wie der erste Laut des folgenden Wortes ausgesprochen wird, nicht wie er geschrieben wird: Vor [jʊ] wird der Artikel [ðə] gesprochen. Vor stummem *h* wird er [ðɪ] gesprochen, ebenso beim Buchstabieren von *f, h, l, m, n, r, s* und *x.*

9 Verwendung des bestimmten Artikels
The use of the definite article

Der bestimmte Artikel wird im Englischen oft weggelassen, wo er im Deutschen gesetzt wird.

Life isn't always easy.

Nomen *nicht* näher bestimmt: *ohne* Artikel	Nomen näher bestimmt: *mit* Artikel
Stoffbezeichnungen, abstrakte Begriffe	**Stoffbezeichnungen, abstrakte Begriffe**
Food always tastes best when you're really hungry. **Das** Essen schmeckt … **Life** isn't always easy. **Das** Leben … **History** is full of violence. **Die** Geschichte …	**The food** *we had at Helen's party* was great. What's the film about? – It's about **the life** *of Einstein*. I don't know much about **the history** *of the United States*.
Wenn man vom Essen, vom Leben oder von der Geschichte im Allgemeinen spricht, darf man den bestimmten Artikel nicht verwenden.	Wenn auf diese Nomen eine nähere Bestimmung folgt (Relativsatz, Ortsangabe, *of-phrase*), so steht der bestimmte Artikel.
Institutionen und Verkehrsmittel	**Institutionen und Verkehrsmittel**
School starts again in September. **Die** Schule … We always go to **church** on Christmas Day. … in **die** Kirche. John and Peter go to school by **bus**. … mit **dem** Bus …	**The school** *Laura goes to* is in Holland Road. **The church** *over there* was built in the last century. I must have left my purse on **the bus**.
Der bestimmte Artikel steht nicht, wenn man an den Unterricht, Gottesdienst oder die Verkehrsverbindung denkt.	Der bestimmte Artikel wird verwendet, wenn man eine ganz bestimmte Schule, Kirche (meist das Gebäude) oder ein ganz bestimmtes Fahrzeug meint.
Monate, Wochentage	**Monate, Wochentage**
In Britain, **July** and **August** are the most popular months for holidays. … **der** Juli und **der** August … The working week starts on **Monday**. … **am** Montag.	**The September** *of 1999* was unusually warm and sunny. I'll never forget **the Monday** *when I started my first job*.
Der bestimmte Artikel wird nicht verwendet, wenn man den Monat oder Wochentag allgemein meint („etwas, das immer wiederkehrt").	Der bestimmte Artikel wird benutzt, wenn z. B. ein ganz bestimmter September oder Montag gemeint ist.

The Browns and the Robinsons are neighbours.

Namen im Singular: *ohne* Artikel	Namen im Plural: *mit* Artikel
Gebäude, Straßen, Parks, Seen	Länder, Gebirge, Familien
Most tourists want to see **Buckingham Palace**. **Oxford Street** is London's most popular shopping street. **Hyde Park** is beautiful in the spring. **Loch Lomond** is the largest of the Scottish lakes.	Many people from **the Netherlands** live in **the United States**. Skiing has become quite popular in **the Scottish Highlands**, but of course it's better in **the Alps**. **The Browns** and **the Robinsons** are neighbours. Browns und Robinsons sind Nachbarn.
Im Gegensatz zum Deutschen steht im Englischen bei solchen Namen kein Artikel.	Ländernamen im Plural und die Namen von Gebirgen gebraucht man mit Artikel. Im Gegensatz zum Deutschen steht der bestimmte Artikel auch bei Familiennamen im Plural.

 Wenn *most* im Sinn von „die Mehrzahl" gebraucht wird, steht es – im Gegensatz zum Deutschen *die meisten* – ohne Artikel.

Most youth hostels in London can only take you if you book before you go.	**Die meisten** Jugendherbergen …
Most foreign visitors find the weather in Britain better than they expected.	**Die meisten** ausländischen Besucher …

10   Der unbestimmte Artikel
The indefinite article

1. Formen und Aussprache

a [ə]	*an* [ən]
a **f**light	an **i**nternational flight
a **l**arge airport	an **a**irport
a **US** plane	an **S**OS signal
a **E**uropean airline	an **h**our's trip

Der unbestimmte Artikel lautet vor Konsonanten *a* [ə], vor Vokalen *an* [ən]. Ausschlaggebend ist, wie der erste Laut des folgenden Wortes gesprochen wird (vgl. **8**).

2. Verwendung

Bei Berufsbezeichnungen

Frank's father *is a policeman*.
… ist Polizist.
Sally worked *as a shop assistant*
last summer. … als Verkäuferin.

Der unbestimmte Artikel drückt hier aus, dass es sich um einen von vielen Polizisten usw. handelt. Im Gegensatz zum Deutschen steht er auch dann, wenn die Berufsbezeichnung auf das Verb *be* oder auf *as* folgt.

Zur Angabe der Nationalität

Carmen Smith *is a Spaniard*, but her husband *is an Englishman*.
… ist Spanierin, … ist Engländer.
oder: Carmen *is Spanish*, but her husband *is English*.

Zur Angabe der Nationalität kann man entweder den unbestimmten Artikel + Nomen oder ein Adjektiv benutzen.

Bei Maß- und Zeiteinheiten

How much are these apples? – 80p **a pound**.
… 80p pro / je / das Pfund.
This wine is cheap! It only costs £3
a bottle! … £3 pro / je / die Flasche.
There's a speed limit of 70 miles **an hour** on British motorways.
… 70 Meilen pro Stunde.

In Gewichts- und sonstigen Maßangaben sowie in Zeitangaben wird der unbestimmte Artikel im Sinn von *pro / je* verwendet.

11 Die Stellung der Artikel
The position of the articles

Der bestimmte und der unbestimmte Artikel stehen normalerweise wie im Deutschen vor Adjektiv + Nomen (*the old book, an old book* usw.). Beachte jedoch folgende Sonderfälle:

Nachstellung des bestimmten Artikels bei *half, all*	Nachstellung des unbestimmten Artikels bei *half, what, quite, such* und *rather*
We spent **half the** afternoon practising for the concert. … den halben Nachmittag … Sorry, **all the** tickets are sold. … alle Karten …	Let's just sit in the sun for **half an** hour. … eine halbe Stunde … **What a** lovely day! Was für ein schöner Tag! This good weather is **quite a** surprise. … eine ziemliche Überraschung. We had **such a** cold winter last year that the river froze over. … einen so kalten Winter …

12 Demonstrativwörter
Demonstratives

this book, **that** shop

This is my book. Whose is **that**?

Die Demonstrativwörter *this, that, these* und *those* können vor Nomen stehen. (Dann sind sie **Begleiter** des Nomens.)

This, that, these und *those* können aber auch allein stehen. (Dann sind sie **Pronomen**.)

1. Formen und Aussprache

Singular:	**this** boy [ðɪs]	**that** girl [ðæt]
Plural:	**these** boys [ðiːz]	**those** girls [ðəʊz]

! Beachte die unterschiedliche Aussprache von *this* [ðɪs] und *these* [ðiːz].

2. Verwendung

Im Englischen weisen *this/these* auf etwas näher Liegendes hin (vgl. im Deutschen *dieses Buch hier*). *That/those* verweisen auf etwas Entfernteres (vgl. im Deutschen *das Buch dort/jenes Buch*).

Örtlich näher Liegendes: *this/these*	Örtlich Entfernteres: *that/those*

This place (here) looks OK.

That place (on the other side of the road) looks a bit too expensive.

Zeitlich näher Liegendes: *this/these*	Zeitlich Entfernteres: *that/those*
My sister took her GCSEs **this** summer. **These** days boys and girls usually go to the same schools. Heutzutage …	My father used to go to our school. **That** was years ago, of course. There were no girls at King's School in **those** days, only boys. Damals waren …

03 Personalpronomen, Possessivwörter, Reflexivpronomen

Personal pronouns, possessives, reflexive pronouns

13 Formenübersicht
Table of forms

	Personal-Pronomen (Subjekt- und Objektform)		Possessivwörter		Pronomen auf *-self / -selves*	Reziproke Pronomen
Singular						
1. Person	I	me	**my** address	**mine**	myself	
2. Person	you	you	**your** home	**yours**	yourself	
3. Person	he she it	him her it	**his** hobbies **her** age **its** name	**his** **hers**	himself herself itself	
allgemein	one	one	**one's** friends		oneself	
Plural						
1. Person	we	us	**our** school	**ours**	ourselves	each other/ one another
2. Person	you	you	**your** teachers	**yours**	yourselves	
3. Person	they	them	**their** jobs	**theirs**	themselves	

14 Die Personalpronomen
Personal pronouns

1. Verwendung der Subjekt- und Objektformen

Die meisten Personalpronomen haben unterschiedliche Subjekt- und Objektformen. Die Subjektformen (*I, he, she* usw.) entsprechen den deutschen Formen *ich, er, sie* usw. (Nominativformen). Die Objektformen (*me, him, her* usw.) entsprechen im Deutschen den Formen *mich, ihn, sie* usw. (Akkusativformen) oder *mir, ihm, ihr* usw. (Dativformen).

Vgl.: I'll give **her** (*ihr* – Dativ) the book when I next see **her** (*sie* – Akkusativ).

In bestimmten Fällen werden im Englischen jedoch die Objektformen *I, he, she* usw. verwendet, während im Deutschen die Formen *ich, er, sie* usw. benutzt werden (und nicht etwa *mich, ihn, sie* usw.). Diese Fälle werden auf der folgenden Seite beschrieben.

Objektform nach dem Verb *be*

It's **me**, Julia. **Ich** bin's, **Julia.**
That must be **him**. Das muss **er** sein.
You needn't worry. It's only **us**.
… **Wir** sind's nur.

Nach dem Verb *be* wird praktisch immer die Objektform verwendet.

Objektform in Vergleichen

I hardly recognized Ben. He's as tall as **me** now. … so groß wie **ich**.
Peter's good at basketball, but I'm better than **him** at swimming. … besser als **er** …
The Johnsons have got a bigger house than **us**. … ein größeres Haus als **wir**.

In Vergleichen steht nach *as* und *than* in der Umgangssprache die Objektform des Pronomens.

2. Verwendung von *he, she, it*

He / she für Personen, *it* für Dinge

he: boy, husband, actor, boyfriend usw.
she: girl, wife, actress, girlfriend usw.
it: letter, newspaper, book, literature usw.

he/she:
When I came in, the **shop assistant** asked me what I wanted. **He/She** was very helpful.

Im Gegensatz zu den deutschen Pronomen *er / sie / es* beziehen sich *he* und *she* grundsätzlich auf Personen, *it* bezieht sich auf Dinge.

Viele Nomen lassen nicht erkennen, ob es sich um eine männliche oder weibliche Person handelt. Dies kann man aber – wenn man es weiß – durch ein Pronomen klar machen (vgl. **1**).

Verwendung von *he/she/it* für Tiere

Just look at **Kitty**. **She**'s caught another mouse!
This is **Leo**. **He**'s the oldest lion in the zoo.
A cat isn't much trouble. **It** looks after **itself** most of the time.

Für Tiere, zu denen man eine besondere Beziehung hat (z. B. Haustiere), kann man *he* oder *she* verwenden. Meist haben solche Tiere Namen.
In allen anderen Fällen verwendet man *it*.

15 Allgemeine Personalpronomen
General personal pronouns (*one, you*)

> **One und *you* im Sinn von dt. *man***
>
> **One** can't believe everything **one** reads in the paper. Man kann nicht alles glauben, …
> **One** should always try to do **one's** best. Man sollte immer versuchen, sein Bestes zu tun.
> What he says may be true, but **you** never know. …, aber man kann nie wissen.

Wenn man von Menschen allgemein spricht und sich dabei selbst mit einschließt, kann man die Pronomen *one* (Genitiv *one's*) oder *you* verwenden. In der Umgangssprache wird eher *you* gebraucht. (Zu *one* als Stützwort vgl. **37** .)

 Wenn man nur an andere Leute denkt, sich selbst also ausschließt, so verwendet man *they* oder *people*:

Oh no, **they**'ve closed the road here! We can't get through.
People don't take much notice of the speed limit here.

16 Die Possessivbegleiter
The possessive determiners

1. Formen

> **Formen**
>
> | | |
> |---|---|
> | **my** jacket | **our** shoes |
> | **your** scarf | **your** boots |
> | **his** shirt | |
> | **her** jeans | **their** clothes |
> | **its** tail | |

! Die Form *its* darf nicht mit der Kurzform *it's* (für *it is*) verwechselt werden.
Vergleiche:
*I love the old part of the city, with **its** narrow streets.*
*Let's go down this street. **It's** the quickest way.*

2. Verwendung

Die Possessivbegleiter werden im Englischen ähnlich verwendet wie im Deutschen.
In bestimmten Fällen muss im Englischen jedoch ein Possessivbegleiter verwendet werden,
obwohl im Deutschen der bestimmte Artikel stehen kann.

Possessivbegleiter bei Körperteilen, Kleidungsstücken usw.

The other day a friend of mine fell off **his** motorbike and broke **his** leg.	… fiel … **vom** Motorrad und brach sich **das** Bein.
He also hit **his** head and injured **his** left arm.	… **den** Kopf … **den** linken Arm.
She took **her** coat off when she came in.	Sie zog **den** Mantel aus …
Put **your** pullover on if you're cold.	Zieh dir **den** Pullover an …

* Auch *life* und *mind* werden mit dem Possessivbegleiter verbunden.
Steht das Subjekt des Satzes im Plural, so werden auch die Pluralformen *lives* und *minds* verwendet.

Over sixty people lost **their lives** in the plane crash.	Über 60 Personen kamen bei dem Flugzeugunglück **ums Leben**.
We've changed **our minds** about the advantages of those cheap flights.	Wir haben **unsere Meinung** über die Vorteile dieser Billigflüge geändert.

They haven't
got a TV set
of their own.

17 Possessivbegleiter + *own*
Possessive determiners + *own*

Die Possessivbegleiter *my, your* usw. können mit
own verbunden werden. Im Gegensatz zum
deutschen *eigen* kann man *own* jedoch nur zu-
sammen mit einem Possessivbegleiter verwenden.

Die beiden Konstruktionen mit *own*

The McLeans have got	**their own** sailing boat.
	a sailing boat **of their own**.

He swam out to rescue the child, but he
paid for it with **his own** life.
… mit **dem eigenen** Leben.
I haven**'t** got a surfboard **of my own**.
Ich habe **kein eigenes** Surfbrett.

Die Verbindung „Possessivbegleiter + *own*"
kann
– vor dem Nomen stehen,
– mit *of* an das Nomen angeschlossen
werden.

! Vor *own* kann nur ein Possessivbegleiter
stehen. Deutsche Wendungen wie *ein
eigener, der eigene* und *kein eigener* kann
man deshalb nicht wörtlich ins Englische
übertragen.

18 Die Possessivpronomen
The possessive pronouns

1. Formen

> Whose book is this?
> – It's … { mine / yours / his / hers.
>   ours / yours / theirs.

Is this yours?

2. Verwendung

Possessivpronomen statt Possessivbegleiter + Bezugswort

That's a nice **camera**. Is it **yours**?
(statt: Is it **your camera**?)
Whose is this blue **anorak**? – It's not mine.
(statt: It's not **my anorak**.)
Whose are these **bags**? – They're **ours**, and
the **umbrella** is **ours**, too.

Das Possessivpronomen verwendet man, um die Wiederholung des Bezugswortes *(camera, anorak, bags, umbrella)* zu vermeiden, vor allem in Antworten auf Fragen mit *whose*. (Vgl. **7** zum *s*-Genitiv ohne nachfolgendes Nomen.)

19 Die Pronomen auf *-self/-selves*
The pronouns ending in *-self/-selves*

1. Formen

Singular:	myself	yourself	himself
			herself
			itself
			oneself
Plural:	ourselves	yourselves	themselves

! Beachte besonders den Unterschied zwischen *yourself* (Singular) und *yourselves* (Plural).

* Die Form *oneself* gehört zum allgemeinen Personalpronomen *one* (vgl. **15**).
Sie wird vor allem beim Infinitiv verwendet, z. B. in Wörterbüchern: *to help oneself – sich bedienen.*

2. Verwendung

Reflexiver Gebrauch

While he was making the sandwiches, he cut **himself** with the bread knife.	… schnitt er sich …
May I introduce **myself**? My name's Smith.	Darf ich mich vorstellen? …
You can help **yourselves**. The drinks are on the table.	Ihr könnt euch bedienen …
You needn't turn the heating down. It switches **itself** off at night.	Du brauchst die Heizung nicht herunterzustellen. Sie schaltet sich nachts ab.

Das Pronomen auf *-self/-selves* wird verwendet, wenn das Objekt dieselbe Person (oder Sache – vgl. *heating*) bezeichnet wie das Subjekt. Das Pronomen bezieht sich also auf das Subjekt, es ist „rückbezüglich" oder „reflexiv".

! Im Englischen hat das Reflexivpronomen – im Gegensatz zum Deutschen – immer eine andere Form als das Personalpronomen:

He introduced **us**.	**We** introduced **ourselves**.
Er stellte **uns** vor.	**Wir** stellten **uns** vor.
Personalpronomen	Reflexivpronomen

Deutsch: reflexiv – englisch: nicht reflexiv

This is my Uncle Fred. Do you **remember** him?	**Erinnerst** du **dich** an ihn?
Oh yes, of course. He hasn't **changed** a bit.	Er hat **sich** überhaupt nicht **verändert**.

Das Reflexivpronomen ist im Englischen weit seltener als im Deutschen. Vielen Verben, die im Deutschen reflexiv sind, entspricht im Englischen ein nicht reflexives Verb:

sich beeilen	hurry	*sich erinnern an*	remember
sich bewegen	move	*sich freuen auf*	look forward to
sich setzen	sit down	*sich Sorgen machen*	worry
sich öffnen	open	*sich fragen*	wonder
sich (ver)ändern	change	*sich etw. vorstellen*	imagine s.th.
		sich entschuldigen	apologize

Verstärkender Gebrauch: dt. *selbst*

We could hardly believe our eyes when we saw **the Prince *himself*** sitting at the wheel of the car.	… den Prinzen selbst …
The palace *itself* is over 400 years old, but the gardens are 18th century.	Der Palast selbst …
We don't need a guide. **We** can find our way around all right *ourselves*.	Wir können uns selbst zurechtfinden.

Will man ein Nomen oder Pronomen im Satz besonders hervorheben, so kann man ein Pronomen auf *-self* oder *-selves* dahinter stellen. Soll das Subjekt hervorgehoben werden, so kann das Pronomen auf *-self/-selves* auch am Satzende stehen (letzter Beispielsatz).

20 Reflexivpronomen und reziproke Pronomen
Reflexive and reciprocal pronouns

They are looking at themselves.

They are looking at each other.

Reflexivpronomen: *sich selbst*	Reziproke Pronomen: *sich gegenseitig, einander*
They are looking at **themselves** in the mirror. Sie schauen **sich** im Spiegel an. Animals feed their young ones until they can feed **themselves**. … bis sie **sich** selbst ernähren können. If we're going to do a lot of walking, we ought to buy **ourselves** a really good map of the area. … sollten wir **uns** … kaufen.	They are looking at **each other**. Sie schauen **sich** an. People would be a lot happier if they understood **one another** better. …, wenn sie **sich** besser verstehen würden. Emma and I haven't seen **each other** for years. Emma und ich haben **uns** schon jahrelang nicht gesehen.
Die Reflexivpronomen auf *-selves* drücken aus, dass jeder Einzelne oder die Gruppe etwas für sich selbst tut.	Wenn die Handlung auf Gegenseitigkeit beruht, so verwendet man *each other* oder *one another* (und kein Reflexivpronomen!).

I've still got some lettuce left. Would you like some?

21 *Some* und *any*
Some and *any*

1. Bedeutung

Some / any: „etwas", „ein paar"	

There's **some** *milk* in the fridge – and there are **some** *biscuits* in the cupboard.
Es ist (etwas) Milch im Kühlschrank – und es sind (ein paar) Kekse im Schrank.
Is there **any** *orange juice* left?
Ist noch (etwas) Orangensaft übrig?
I'm afraid we haven't got **any** *apples*.
Wir haben leider keine Äpfel.
	Im Englischen benutzt man *some* oder *any* zur Bezeichnung
	– einer unbestimmten Menge
	  (z. B. *milk, juice*),
	– einer unbestimmten Anzahl
	  (z. B. *biscuits, apples*).
	Im Deutschen ist hier keine Mengenangabe nötig.

2. *Some* und *any* in verschiedenen Satzarten

Wenn man davon ausgeht, dass etwas tatsächlich vorhanden oder verfügbar ist, so verwendet man *some*. Andernfalls verwendet man *any*.

(+) Bejahte Aussagesätze: *some*	(–) Verneinte Aussagesätze: *any*
Let's buy **some** chicken for the barbecue. We've still got **some** sausages.	I **didn't** get **any** eggs today. Linda never eats **any** meat at all.

∗ 1 In Fragesätzen benützt man gewöhnlich *any*. *Some* verwendet man dann, wenn man eine bejahende Antwort erwartet, z. B. in Bitten und Angeboten.

> Is there **any** tea left in the pot? – No, I'm afraid it's all gone.
> Could I have **some** biscuits? – Certainly. Here you are.
> Would you like **some** more tea? – Yes, please.

∗ 2 Sätze mit *hardly, scarcely* (kaum), *rarely, seldom* (selten) sind verneinten Sätzen ähnlich. Deshalb verwendet man hier *any* und nicht *some*.

> There's **hardly any** coffee left.   Es ist kaum noch Kaffee übrig.

22 Die Zusammensetzungen mit *some* und *any*
The compounds of *some* and *any*

Zu *some* und *any* gibt es u. a. folgende Zusammensetzungen:

someone/anyone *somebody/anybody* }	(irgend)jemand
something/anything	(irgend)etwas
somewhere/anywhere	irgendwo(hin)

Für die Verwendung in verschiedenen Satzarten gelten dieselben Regeln wie für *some* und *any* (vgl. **21.2**).

(+) Bejahte Aussagesätze: Zusammensetzungen mit *some*	(−) Verneinte Aussagesätze: Zusammensetzungen mit *any*
There's **someone** at the door. Who can it be? Aren't you listening? Mum just asked you **something**. The Crofts have sent a postcard – from **somewhere** in Italy.	There isn't **anyone** at home, I'm afraid. Your friend was very quiet at lunch. In fact, he didn't say **anything** at all. Why can't we have a holiday in Greece? We never go **anywhere** exciting!

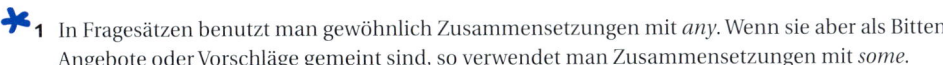

1 In Fragesätzen benutzt man gewöhnlich Zusammensetzungen mit *any*. Wenn sie aber als Bitten, Angebote oder Vorschläge gemeint sind, so verwendet man Zusammensetzungen mit *some*.

Did **anyone** ring up this afternoon?
Could **someone** pass me the butter?
Would you like **something** to drink?

2 Zu *anyone/anybody, anything, anywhere* in der Bedeutung *jeder beliebige, alles, überall* vgl. **25** .

Something must be wrong.

SOFT ICE

23   *No* und seine Zusammensetzungen
No and its compounds

I've got a suit to wear for the wedding, but **no** *shoes*. – Well, there's **no** *time* to buy a new pair now.
Have we got any *shampoo*? There's **none** in the cupboard here.
Hier … ist keines.
No one / Nobody wears stuff like that these days.
I tried on lots of different outfits, but **nothing** looked really good.
Where did I put my new sweatshirt? – In your room perhaps. It's **nowhere** here.

No in der Bedeutung „kein" kann nur vor Nomen stehen.

Soll ein Nomen nicht wiederholt werden, so verwendet man *none* [nʌn].

Wie zu *any* und *some* gibt es auch zu *no* Zusammensetzungen:
no one / nobody   niemand
nothing [ˈnʌθɪŋ]   nichts
nowhere   nirgends

✱ *No* und seine Zusammensetzungen können für *not … any* und seine Zusammensetzungen eintreten. Im Allgemeinen wird jedoch *not … any* bevorzugt.

Sorry, we have**n't** got **any** yellow shorts in your size.
(… we've got **no** yellow shorts …)
The assistants were all standing around **not** doing **anything**.
(… doing **nothing**.)

I haven't got through many books this year.

24   *Much, many, a lot of*

Much („viel"): bei Nomen im Singular	*Many* („viele"): bei Nomen im Plural
How **much** *money* do you spend on books? – Not **much**. I don't like reading very long books, it's too **much** *work*.	I haven't bought **many** *books* so far this year. Do you read **many** *short stories* at school? – No, not **many**.
Much wird bei Nomen im Singular verwendet (z. B. *money, work, milk, water, sand*). *Much* bezeichnet eine große **Menge**.	Bei den Pluralformen von Nomen (z. B. *books, stories*) wird *many* („viele") gebraucht. *Many* bezeichnet eine große **Anzahl.** *Much* kommt hier nicht in Frage.

A lot of / lots of bei Nomen im Singular und Plural

I spend **a lot of / lots of *money*** on CDs.	Ich gebe viel Geld für CDs aus.
A lot of / Lots of *people* rent videos instead of buying them.	Viele Leute …

Eine große Menge oder Anzahl kann man auch durch *a lot of* oder *lots of* bezeichnen. *A lot of* und *lots of* werden sogar häufiger gebraucht als *much* und *many*.

1 Statt *not much* verwendet man gelegentlich *(very) little* („wenig"), statt *not many* gelegentlich *(very) few* („wenige").

I **don't** have **much** time for reading.	(I have very **little** time for reading.)
There **weren't many** people in the bookshop.	(There were very **few** people in the bookshop.)

2 *Little* und *few* dürfen nicht mit *a little* und *a few* verwechselt werden.

We've got **a little** time before our train comes in.	Wir haben noch **ein bisschen** Zeit …
There were **a few** people in front of us in the queue for tickets.	Vor uns standen **ein paar** Leute …

25 *Every, each* und die Zusammensetzungen mit *every*
Every, each and the compounds of *every*

Zwischen *every* und *each* besteht kein großer Bedeutungsunterschied. Trotzdem sind sie nicht immer austauschbar.

Every: jeder, ohne Ausnahme

Every *dog* needs exercise.
Every *dog owner* knows that.
Ben is such a friendly dog. **Everyone** loves him. He's clever too. He understands **everything** I say.
Has anyone seen Tigger? I've looked **everywhere**, but I can't find him.

Every kann nur vor einem Nomen stehen. Zu *every* gibt es folgende Zusammensetzungen:
everyone / -body jeder (alle, ohne Ausnahme)
everything alles (ohne Ausnahme)
everywhere überall (an allen Orten)

Each: jeder einzelne aus einer Gruppe

The careers officer talked to **each *of the pupils*** individually.
I've had three different Saturday jobs so far. I found **each *of them*** interesting.
How much are these ***postcards***? – They're 50p **each**.
Mrs Burns opens the shop at nine o'clock **each / every *morning***.

Each wird vor allem vor einer *of-phrase* verwendet.

Es kann aber auch getrennt vom Nomen stehen.
Außerdem kann *each*, wie *every*, auch direkt vor einem Nomen stehen.

* *Any* kann auch im Sinne von „jeder x-beliebige", „egal welcher" gebraucht werden. Entsprechendes gilt für die Zusammensetzungen.

You can take **any** of the trains on this line, madam. They all stop at Exeter.	… jeden (beliebigen) Zug …
Anyone can see they're in love.	Jeder (egal wer) …
He would do **anything** for her.	… alles (egal was) …
They ran away together three weeks ago.	
They may be **anywhere** by now.	Sie können jetzt überall (an jedem beliebigen Ort) sein.

26   *All* und *both*
All and *both*

All the neighbours love music.

All (the): „alle", „ganz"

All *the guests* at the barbecue liked the potato salad you made. Alle Gäste … I'm afraid we've eaten **all *the ice-cream***. Wir haben leider das ganze Eis gegessen. Are you going to give the dog **all *that meat***? Robby has spent **all *his pocket money***.	*All* steht selten ganz allein vor einem Nomen. Meist folgt der bestimmte Artikel *(the)* oder ein anderer Begleiter, z. B. *that, those, my, his* usw.

Both: „(alle) beide"

A bus ran into a truck, and **both *(the) drivers*** were injured. … beide Fahrer … **The two *children*** in the back of the car were not hurt in the crash, but the parents both had to be taken to hospital. Die beiden / Die zwei Kinder …	Vor *both* steht nie der bestimmte Artikel. Dem deutschen *die beiden* entspricht im Englischen *the two*.

 1 Wie *both* beziehen sich auch *(not) either* und *neither* auf eine Zweiergruppe.

Which of *the two cars* we looked at did you like best? – I'm afraid I **didn't** like **either** of them.	Mir gefiel leider keiner von beiden.
Neither of them had much room at the back.	Keiner von beiden hatte …

* **2** *All* steht manchmal auch ohne Nomen, vor allem vor Relativsätzen:

I did **all *I could***.	Ich habe alles getan, was ich konnte.

Zahlen, Zeit- und Ortsangaben
Numbers and expressions of time and place

27 Grund- und Ordnungszahlen
Cardinal and ordinal numbers

NINE … EIGHT SEVEN … SIX … FIVE … FOUR … THREE … TWO … ONE … LIFTOFF!

1. Übersicht

Grundzahlen 1–100			Ordnungszahlen 1–100		
1	one	[wʌn]	1st	the first	[fɜːst]
2	two	[tuː]	2nd	the second	['seknd]
3	three	[θriː]	3rd	the third	[θɜːd]
4	four	[fɒː]	4th	the fourth	[fɔːθ]
5	five	[faɪv]	5th	the **fifth**	[fɪfθ]
6	six	[sɪks]	6th	the sixth	[sɪksθ]
7	seven	['sevn]	7th	the seventh	['sevnθ]
8	eight	[eɪt]	8th	the **eighth**	[eɪtθ]
9	nine	[naɪn]	9th	the **ninth**	[naɪnθ]
10	ten	[ten]	10th	the tenth	[tenθ]
11	eleven	[ɪ'levn]	11th	the eleventh	[ɪ'levnθ]
12	twelve	[twelv]	12th	the **twelfth**	[twelfθ]
13	thirteen	['θɜː'tiːn]	13th	the thirteenth	['θɜː'tiːnθ]
14	fourteen	['-'-]	14th	the fourteenth	['-'-]
15	**fifteen**	['fɪf'tiːn]	15th	the fifteenth	['-'-]
16	sixteen	['-'-]	16th	the sixteenth	['-'-]
17	seventeen	['--'-]	17th	the seventeenth	['--'-]
18	**eighteen**	['-'-]	18th	the eighteenth	['-'-]
19	nineteen	['-'-]	19th	the nineteenth	['-'-]
20	twenty	['twentɪ]	20th	the twentieth	['twentɪəθ]
21	twenty-one	[ˌ--'-]	21st	the twenty-first	[ˌ--'-]
22	twenty-two	[ˌ--'-]	22nd	the twenty-second	[ˌ--'--]
30	thirty	['θɜːtɪ]	30th	the thirtieth	['θɜːtɪəθ]
40	**forty**	['fɔːtɪ]	40th	the fortieth	['---]
50	**fifty**	['fɪftɪ]	50th	the fiftieth	['---]
60	sixty	['sɪkstɪ]	60th	the sixtieth	['---]
70	seventy	['sevntɪ]	70th	the seventieth	['----]
80	**eighty**	['eɪtɪ]	80th	the eightieth	['---]
90	ninety	['naɪntɪ]	90th	the ninetieth	['---]
100	a / one hundred	[ə'hʌndrəd]	100th	the (one) hundredth	

Grundzahlen über 100		Ordnungszahlen über 100	
143	a / one hundred and forty-three	143rd	the (one) hundred and forty-third
1,000	a / one thousand [ə'θaʊznd]	1,000th	the (one) thousandth
4,638	four thousand six hundred and thirty-eight	4,638th	the four thousand six hundred and thirty-eighth
1,000,000	a / one million [ə'mɪljən]	1,000,000th	the (one) millionth
2,000,000	two million	2,000,000th	the two millionth
1,000,000,000	a billion	1,000,000,000th	the billionth

2. Hinweise zu den Grundzahlen

thirty-two seventy-three	zweiunddreißig dreiundsiebzig
a hundred **and** two four hundred **and** thirteen two thousand **and** twenty	hundert(und)zwei vierhundert(und) dreizehn zweitausend(und)- zwanzig
a hundred pounds **one** thousand miles **two** hundred kilometres	(ein)hundert Pfund
50,000 (fifty thousand) 4,635,826	deutsch: 50 000 / 50.000 4 635 826 / 4.635.826
3.5 (three point five)	3,5 (drei Komma fünf)
1066 (ten sixty-six) 1999 (nineteen ninety-nine)	

Zehner- und Einerzahlen werden durch Bindestrich miteinander verbunden.

Einer- und Zehnerzahlen werden durch *and* an Hunderter- und Tausenderzahlen angeschlossen. (Im amerikanischen Englisch wird *and* jedoch meist weggelassen.)

Vor *hundred* und *thousand* steht immer ein anderes Zahlwort oder der unbestimmte Artikel *a*.

Bei Zahlen über 1000 werden meist je drei Stellen von rechts durch ein Komma abgetrennt. (Im Deutschen benützt man Zwischenräume oder Punkte.) Dagegen schreibt man Dezimalzahlen im Englischen mit einem Punkt.

Jahreszahlen werden oft in Zehnereinheiten gesprochen.

✱ Für die Ziffer 0 gibt es im Englischen verschiedene Bezeichnungen. Man sagt z. B.

nought	[nɔːt]	für den Zahlenwert 0 in der Mathematik: *Three minus three leaves nought.*
zero	['zɪərəʊ]	für den Nullpunkt einer Skala: *The temperature is ten below zero.*
o	[əʊ]	in Telefonnummern: *55040 (double five – o – four – o)*
nil	[nɪl]	für Sportergebnisse: *The match ended 5:0 (five nil).*
love	[lʌv]	beim Tennis: *15:0 (fifteen love)*

3. Hinweise zu den Ordnungszahlen

the twenty-first, the thirty-second, the hundred and third	*First, second, third* sind unregelmäßige Formen. Sie werden auch bei zusammengesetzten Ordnungszahlen verwendet. Alle anderen Ordnungszahlen werden auf *-th* gebildet. Beachte jedoch die fett gedruckten Formen in der Tabelle (**27.1**) sowie die Zehnerzahlen auf *-tieth* (zwei Silben).
the fourth, the fifth, the sixth, etc. the twentieth [ˈtwentɪəθ]	
1st – fir**st** 2nd – seco**nd** 3rd – thi**rd** 4th – four**th** 21st – twenty-fir**st**	Nach einer Ordnungszahl in Ziffernschreibweise steht nicht wie im Deutschen ein Punkt, sondern es werden die beiden letzten Buchstaben des Wortes angefügt.
Henry VIII (Henry the Eighth) Elizabeth II (Elizabeth the Second)	Auch die römischen Ziffern nach Herrschernamen stehen ohne Punkt, werden aber als Ordnungszahlen gesprochen.
1/3 a / one third 2/3 two thirds 7/8 seven eighths	Bei Bruchzahlen wird der Nenner mit Hilfe einer Ordnungszahl gebildet. (Ausnahmen: *1/2 a half, 1/4 a quarter, 3/4 three quarters;* im amerikanischen Englisch aber regelmäßig: *1/4 a fourth, 3/4 three fourths*)

28 Das Datum
The Date

Schreibung	Wie man es spricht
2 June 1999; 2nd June 1999; June 2nd, 1999; 2/6/1999; 2.6.99	"The second of June, nineteen ninety-nine"; "June the second, nineteen ninety-nine"
6 May 2044; 6th May 2044; May 6th, 2044; 6/5/2044; 6.5.2044	"The sixth of May / May the sixth, two thousand and forty-four / twenty forty-four"

 Beachte den Unterschied zwischen der britischen und der amerikanischen Schreibweise.

BE: 24. 12. 99 (Tag, Monat, Jahr) AE: 12. 24. 99 (Monat, Tag, Jahr)

29 Wiederholungszahlen
Expressions of frequency

My father usually goes to the library **once** a week. "Titanic" is Mum's favourite film. She saw it **twice** at the cinema, and she's watched the video **three** or **four times**.	Mit Ausnahme von *once* (einmal) und *twice* (zweimal) werden Wiederholungszahlen aus der Grundzahl und *times* gebildet.

30 Die Uhrzeit
Telling the time

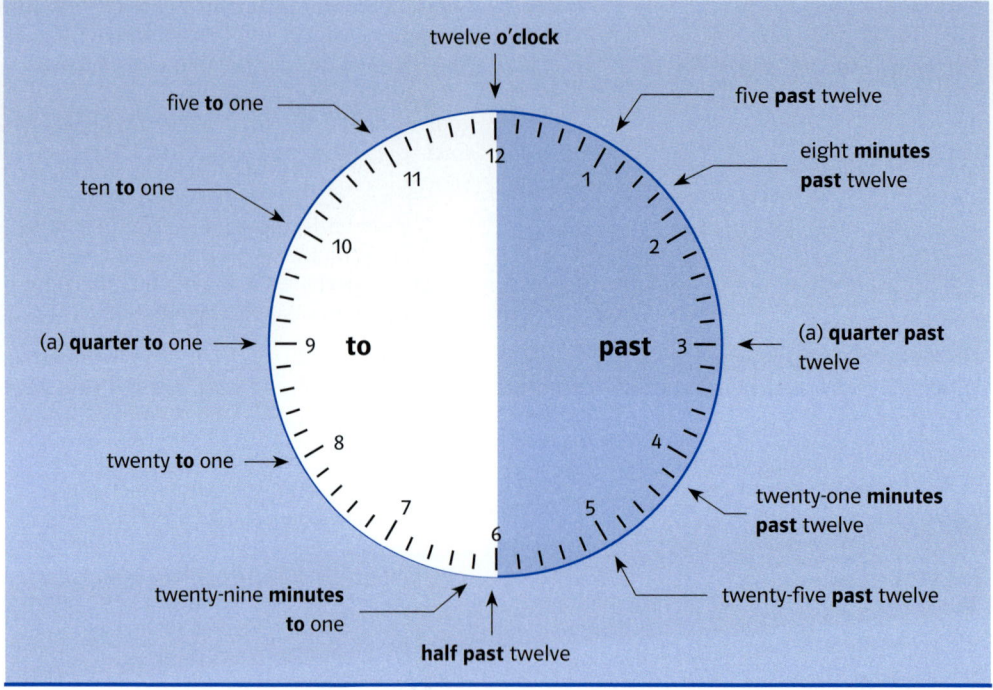

twelve **o'clock**

five **to** one

five **past** twelve

ten **to** one

eight **minutes** **past** twelve

(a) **quarter to** one

(a) **quarter past** twelve

to   **past**

twenty **to** one

twenty-one **minutes** **past** twelve

twenty-nine **minutes** **to** one

twenty-five **past** twelve

half past twelve

Die Zeitangaben der ersten halben Stunde (einschließlich!) bezieht man im Englischen auf die vorangehende Stunde (vgl. *half past twelve* – halb **eins**). Die Zeitangaben der zweiten halben Stunde bezieht man auf die folgende Stunde (vgl. *quarter to* **one**).

It's **five** (minutes) past twelve.	It's **six minutes** past twelve.

Bei Fünferzahlen (5, 10, 15 usw.) wird das Wort *minutes* gewöhnlich weggelassen.
Bei Zahlen, die nicht durch 5 teilbar sind, muss *minutes* jedoch stehen.

✱ 1 Man kann – ähnlich wie im Deutschen – auch zuerst die Stunde, dann die Minuten nennen. Dies ist vor allem bei Fahrplänen üblich. Dabei werden die Stunden oft von 0 bis 24 Uhr gezählt.

It's 12.15 ("twelve fifteen") / 8.30 ("eight thirty") / 9.59 ("nine fifty-nine").
The plane will take off at 18.00 ("eighteen hours", AE auch "eighteen hundred hours"). It will land at 20.05 ("twenty-o [əʊ] five").

✱ 2 Um Verwechslungen zu vermeiden, kann man die Stunden von 0 bis 12 auch durch *a.m.* [ˌeɪ'em] (lat. *ante meridiem* = „vor Mittag") bezeichnen, die Stunden von 12 bis 24 Uhr mit *p.m.* [ˌpiː'em] (lat. *post meridiem* = „nach Mittag").

Most London museums are open between 10 a.m. and 5 or 6 p.m. from Monday to Saturday, and from 2 or 2.30 p.m. on Sundays.

31 Präpositionen in Zeitangaben
Prepositions in expressions of time

1. Uhrzeiten und Tageszeiten

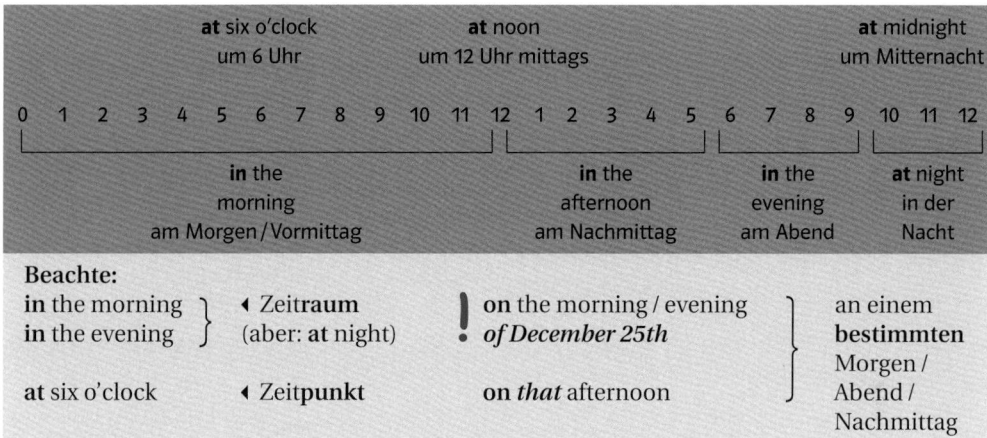

Beachte:

in the morning	}	◄ Zeit**raum**	❗	**on** the morning / evening	}	**an** einem

in the morning ⎫
in the evening ⎬ ◄ Zeit**raum** (aber: **at** night)
⎭

at six o'clock ◄ Zeit**punkt**

❗ **on** the morning / evening
of December 25th

on *that* afternoon

⎫
⎬ **an** einem
⎪ **bestimmten**
⎪ Morgen /
⎪ Abend /
⎭ Nachmittag

2. Wochentage, Festtage, Monate, Jahreszeiten und Jahreszahlen

Monday	January		*in:* Monat, Jahr, Jahreszeit
Tuesday	February		**in** January **in** 1999 (im Jahr) 1999 **in** (the) spring, **in** (the) summer, **in** (the) autumn / fall, **in** (the) winter **in** the winter of 1998
Wednesday	March	spring	
Thursday	April		*at:* Festtage wie Ostern, Weihnachten
Friday	May		**at** Easter (time), **at** Christmas (time)
Saturday	June	summer	*on:* Wochentag, Tag des Monats, bestimmter Festtag
Sunday	July		**on** Monday, **on** Tuesday **on** the 12th of December **on** my birthday, **on** Christmas Day, **on** Easter Sunday
	August		
	September	autumn	Ohne Präposition bei *next, last*
	October	(AE: fall)	**last** Friday (am) letzten Freitag **last** January (im) letzten Januar **next** winter (im) nächsten Winter
	November		
	December	winter	

3. Weitere Präpositionen in Zeitangaben

We'll leave **after** breakfast.	*after*	nach
Try to be here **before** 8 o'clock.	*before*	vor
I met him two days **ago**.	*… ago*	vor (dem jetzigen Zeitpunkt)
I haven't seen her **since** Monday.	*since*	seit (einem Zeitpunkt)
I haven't seen her **for** three days.	*for*	seit (einem Zeitraum),
We'll be away **for** three weeks.		(eine bestimmte Zeit) lang
The show starts sometime **between** 9 and 10 p.m.	*between*	zwischen
We watched TV **till / until** midnight.	*till / until*	bis
The programme will be **from** 10 **to / till** 12 p.m.	*from … to / till / until*	von … bis
We did**n't** go to bed **till / until** very late.	*not … till / until*	erst
Could you please be ready **by** half past seven?	*by*	bis (spätestens)

32 Präpositionen in Orts- und Richtungsangaben
Prepositions in expressions of place and direction

1. Ortspräpositionen

by, near	the door
at	
under	
on	the table
over	
above	
below	the bookshelf
in front of	
behind	
in	the house
outside	
against	the wall
round	the fire
opposite	her sister
among	his friends
between	her parents
beside	her mother

(illustration labels: over, on, above, below, at, under, by, near, behind, outside, in, against, in front of, among, round, opposite, between, beside)

2. Richtungspräpositionen

on, onto	}	
from, off	}	the roof
over		the fence
towards	}	
to		
into		the house
out of		
past	}	
along	}	the road
across	}	
after		the dog
up	}	the hill
down	}	
through	}	the trees
round	}	

 Beachte folgende Ausdrücke

at the table	**am** Tisch	**in** the street	**auf** der Straße
on the wall	**an** der Wand	**in** the picture	**auf** dem Bild

✱ *at / in* **bei Städten und Dörfern:**

I live **in** London and my friend lives **in** Cardiff.
I don't think this train stops **at** York.

in: Der Ort wird als (Wohn-/Lebens-)Raum betrachtet.
at: Der Ort wird als Punkt (auf der Reiseroute) betrachtet.

with / at **bei Personen:**

Since his parents died he has been living **with** his aunt.

… **bei** seiner Tante (ständig).

He always spends his summer holidays **at** his aunt's.

… **bei** seiner Tante (vorübergehend).
(Zum *s*-Genitiv vgl. **7** .)

into / in **bei Richtungsangaben:**

She went **into** the snack-bar to have a cup of coffee.
She puts lots of sugar **in** her coffee.

Bei Richtungsangaben erscheint normalerweise *into*.
Nach *put* ist jedoch *in* gebräuchlich.

33 Das Adjektiv vor Nomen und nach Verben
Adjectives before nouns and after verbs

> *What a nice balloon!*

> *Oh yes – that balloon **is** nice!*

Bei den meisten Adjektiven gibt es zwei Stellungsmöglichkeiten:

Adj. Nomen	Verb Adj.
What a **nice balloon**!	That **balloon** *is* nice.

Das Adjektiv kann **direkt vor einem Nomen** stehen.

Das Adjektiv kann aber auch **nach bestimmten Verben** stehen, vor allem nach *be*.

* Einige Adjektive wie *ill* (krank), *asleep, afraid* können nur nach *be* und bestimmten anderen Verben verwendet werden. Oft gibt es Adjektive mit ähnlicher Bedeutung, die vor einem Nomen stehen können.

My friend is **ill**.
Mein Freund ist krank.

Aber: The doctor examined the **sick** child.
   Der Arzt untersuchte das kranke Kind.

The dog was **asleep** in front of the fire.
There's no danger. Don't be **afraid**.

Aber: Let **sleeping** dogs lie.
Aber: **Frightened** animals sometimes attack unexpectedly.

34 Das Adjektiv nach bestimmten Verben
The adjective after certain verbs

be, seem, feel, remain, stay, keep, get, go

This big room **is great** for parties.
Grandma **seems happy** in her new flat.
Do you **feel sad** about leaving London?
After the Wilsons moved, their house **remained empty** for a while.
I'd like to live somewhere where the weather **stays mild** all year.
We can spend all day on the beach if it **keeps sunny**.
It **gets dark** so early in the winter here.
Hurry up – before the traffic lights **go red**!

Adjektive verwendet man vor allem nach *be*, aber auch nach Verben mit der Bedeutung *scheinen, sich fühlen, bleiben* oder *werden*.

look, smell, taste, sound

Those cakes in the window **look nice**, don't they?
The fish and chips **smell fantastic**. Let's hope they **taste good**.
"Upside down apple pie" – that **sounds interesting**.

Wenn diese Verben das Aussehen, den Geruch, den Geschmack oder den Klang von etwas beschreiben, haben sie ein Adjektiv bei sich.

Turn on your headlights. It's getting dark.

35 Die Steigerung des Adjektivs
The comparison of adjectives

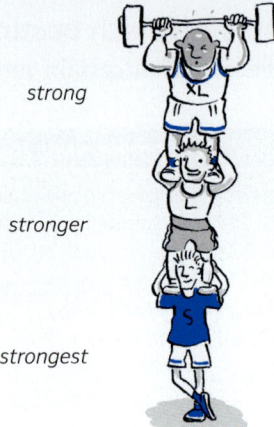

strong

stronger

strongest

What things or people can be like:	Steigerung mit *-er/-est*		
	Grundform	*Komparativ*	*Superlativ*
a day:	**cold**	**colder**	**coldest**
a town:	**big**	**bigger**	**biggest**
a T-shirt:	**nice**	**nicer**	**nicest**
coffee:	**strong** [strɒŋ]	**stronger** ['strɒŋə]	**strongest** ['strɒŋgɪst]
a method:	**simple**	**simpler**	**simplest**
a dog:	**clever**	**cleverer**	**cleverest**
a road:	**narrow**	**narrower**	**narrowest**
a joke:	**funny**	**funnier**	**funniest**
	Steigerung mit *more/most*		
	Grundform	*Komparativ*	*Superlativ*
a picture:	**beautiful**	**more beautiful**	**most beautiful**
a measure-ment:	**exact**	**more exact**	**most exact**
a film star:	**famous**	**more famous**	**most famous**
	Unregelmäßige Steigerung		
	Grundform	*Komparativ*	*Superlativ*
an idea:	**good**	**better**	**best**
an accident:	**bad**	**worse**	**worst**
visitors:	**many**	**more**	**most**
money:	**much**	**more**	**most**
work:	**little**	**less**	**least**

Auf *-er/-est* werden gesteigert:
– alle einsilbigen Adjektive.
  Beachte beim Schreiben:
  Der Endkonsonant wird nach kurzem Vokal verdoppelt.
  Das stumme End-*e* entfällt.

  Beachte beim Sprechen: Nach *-ng* wird zusätzlich ein [g] gesprochen.

– zweisilbige Adjektive auf *-le, -er, -ow* und *-y.*

  Beachte beim Schreiben:
  -y wird zu *-i-.*

Mit *more/most* werden gesteigert:
– alle Adjektive mit mehr als zwei Silben,
– die meisten zweisilbigen Adjektive, die nicht auf *-le, -er, -ow, -y* enden, z. B. *nervous, famous, exact.*

Unregelmäßige Steigerung haben:
good, bad sowie die Mengenangaben *many, much, little.*

! *Little = klein* kann nicht gesteigert werden. Stattdessen benützt man *smaller – smallest.*

✱ *Nearest* bezeichnet das räumlich Nächstgelegene, *next* das Nächste in der Reihenfolge:

Where is the **nearest** bus stop, please? – We must get off at the **next** stop.

36 Vergleiche mit Adjektiven
Comparisons with adjectives

Gleichheit	Ungleichheit

Gleichheit

■ = □   **as** big   **as**
          as important **as**

New York is about **as big as** London.
A week in Edinburgh can be **as exciting as** one in London.

! *Than* darf nicht mit *then* verwechselt werden:

You'll find the boat trip to the Tower far more interesting **than** going there by tube. First you see the Houses of Parliament and Big Ben, **then** you go down the Thames past St Paul's to Tower Bridge.

Ungleichheit

■ > □   bigger **than** [ðən]
          more important **than**

Windsor Castle is **bigger than** Buckingham Palace, and much older.
Living in a large modern city is **more dangerous than** living in the country.

□ < ■   **not as** big **as**

Cologne is **not as big as** London.
Most people would agree that Birmingham is **not as interesting** as London.

✱ 1 Der Ausdruck *je … desto* wird im Englischen durch *the … the* (jeweils mit Komparativ) wiedergegeben.

The bigger a city is, **the more difficult** it is to find one's way around.
Je größer …, desto schwerer …

✱ 2 Dem Deutschen *immer kälter* und *immer interessanter* entsprechen im Englischen die Ausdrücke *colder and colder* bzw. *more and more interesting*.

Perhaps I should have bought him a smaller one after all.

37 Das Stützwort *one/ones* beim Adjektiv
The use of the prop word *one/ones* with adjectives

Vorher genanntes Nomen ersetzt durch *one/ones*	

Which of these **pullovers** do you like best?
– The red **one** with the round neck.
Den roten mit dem runden Halsausschnitt.
I've had these **winter boots** for ages.
I really need some new **ones**.
Ich brauche wirklich neue.

Soll ein Nomen nicht wiederholt oder nicht ausdrücklich genannt werden, so wird es durch *one/ones* ersetzt.
One ersetzt ein Nomen im Singular, *ones* ein Nomen im Plural.
Das Adjektiv kann hier nicht – wie im Deutschen – allein stehen.

38 Das Adjektiv als Nomen
Adjectives used as nouns

Im Gegensatz zum Deutschen können Adjektive im Englischen nur in bestimmten Fällen als Nomen benutzt werden.

Gesamtgruppe von Personen: *the* + Adjektiv	Einzelne Person: Adjektiv + Nomen
The blind are usually educated at special schools. Die Blinden … Many people have no idea of the problems facing **the homeless** in big cities. … die Obdachlosen … The BBC produce some good programmes for **the** very **young**. … für die ganz Kleinen.	**A blind man** stood at the side of the road with his guide dog. Ein Blinder … We saw **a lot of homeless people** sitting on the street corner when we came out of the theatre. … viele Obdachlose … **The little girl** looks very much like her mother. Die Kleine …
Als Nomen gebrauchte Adjektive beziehen sich auf eine gesamte Gruppe von Menschen: *the blind* = die Blinden allgemein, alle Blinden. Sie werden wie Pluralformen verwendet (vgl.: *The blind are* …), haben aber kein Plural-*s*.	Sind einzelne Personen gemeint, so muss das Adjektiv durch ein Nomen wie *person, man, boy, girl, woman, people* ergänzt werden. Man kann nicht wie im Deutschen das Adjektiv für sich allein verwenden.

 Einige wenige Adjektive können als echte Nomen verwendet werden und haben eine Pluralform auf -*s*:

There are a few **blacks** in our area, but they don't mix much with **the whites**.

There are some good programmes for the very young.

39 Adjektive und Nomen als Nationalitätsbezeichnungen
Adjectives and nouns expressing nationality

country	adjective	individuals	the people
America	an **American** car	an American	the Americans
Canada	a **Canadian** firm	a Canadian	the Canadians
Germany	a **German** stamp	a German	the Germans

Adjektive auf *-an* oder *-ian* werden wie normale Nomen **mit Plural-***s* gebraucht.

Japan	a **Japanese** camera	a Japanese	the Japanese
China	a **Chinese** restaurant	a Chinese	the Chinese
Portugal	a **Portuguese** ship	a Portuguese	the Portuguese

Nationalitätsbezeichnungen auf *-ese* haben im Plural **kein** *-s*.

England	an **English** pub	an Englishman/ an Englishwoman	the English
France	a **French** film	a Frenchman/ a Frenchwoman	the French
Spain	a **Spanish** dance	a Spaniard	the Spanish, the Spaniards
Ireland	an **Irish** folksong	an Irishman/ an Irishwoman	the Irish
Britain	a **British** plane	a Briton	the British
Scotland	a **Scottish** name	a Scot, a Scotsman/ a Scotswoman	the Scots, the Scottish
Wales	a **Welsh** song	a Welshman/ a Welshwoman	the Welsh

Adjektive auf *-sh* und *-ch* werden nur zur Bezeichnung des ganzen Volkes verwendet, und zwar mit Artikel, aber ohne Plural-*s*. Für Einzelpersonen werden Zusammensetzungen mit *-man/-woman*, *boy*, *girl* oder besondere Nomen verwendet (z. B. *a Briton*, *a Scot*).

40 Adverb und Adjektiv
Adverbs and adjectives

Im Deutschen haben Adverbien und Adjektive oft die gleiche Form (vgl.: *sie ist **vorsichtig*** – Adjektiv; *sie fährt **vorsichtig*** – Adverb). Im Englischen verwendet man dagegen verschiedene Formen:

Adjektiv	Adverb mit der Endung *-ly*
She is a **careful** driver.	She drives **carefully**.
She is very **careful**.	

Das Adjektiv gibt an, wie eine Person oder Sache **ist**. Es steht vor einem Nomen (*careful driver*) oder nach dem Verb *be (is careful)*.

Das Adverb gehört hier zum Verb. Es gibt an, wie eine Tätigkeit **ausgeführt** wird, bzw. wie etwas geschieht.

I thought it braked automatically.

41 Die Formen des Adverbs
The forms of the adverb

1. -*ly*-Adverbien

Adjektiv	Adverb
It was a **bad** accident.	Several people were **badly** injured.
The bus driver was **angry**.	He shouted at us **angrily**.
I've had a **terrible** day.	I'm **terribly** tired.
Dick told me the **whole** story. I shouldn't have got so angry, that's **true**. Harry is sometimes very **rude**.	It wasn't **wholly** his fault. I'm **truly** sorry about what happened. He spoke to me very **rudely** when I offered to help.
It was an **automatic** reaction.	He braked **automatically** when he saw the dog.
The police did a **good** job.	They did their job **well**.

Die meisten Adverbien werden aus Adjektiven gebildet, indem man -*ly* hinzufügt. Beachte dabei:
– -*y* wird zu -*ily* (Ausnahme: *shyly*).

– Die Adjektivendung -*le* nach Konsonant entfällt.

– Das stumme End-*e* entfällt bei *whole / wholly* und bei *true / truly*, sonst bleibt es erhalten.

– -*ic* wird zu -*ically*.

! Die Adverbform zum Adjektiv *good* ist *well*.

2. Adverbien mit gleicher Form wie Adjektive

Adjektiv	Adverb
It's a **fast** train. We had a **long** journey. Sports cars always have **low** seats. They live in the **far** north of Scotland. It was **hard** work. Do you get a **daily** paper? We'll take the **early** train.	It travels very **fast**. The crossing didn't take **long**. That plane is flying very **low**. Have you travelled **far** today? We worked very **hard**. Our paper is delivered **daily**. We'll have to get up **early**.

Dazu gehören:
– einige einsilbige Adverbien wie *fast, long, low, high, hard, far,*

– Häufigkeitsadverbien wie *daily, weekly, monthly, yearly* und das Zeitadverb *early.*

* Sowohl *hard* als auch *hardly* können als Adverbien verwendet werden. Sie haben jedoch unterschiedliche Bedeutung:

You've been practising very **hard** for Sports Day. (Du hast **hart** trainiert …)

– Yes, but I'll **hardly** have a chance against Paul in the 100 metres. (… **kaum** eine Chance …)

Ähnlich verhält es sich bei den Adverbformen *high* (hoch) und *highly* (äußerst).

3. Adverbien, die nicht von Adjektiven abgeleitet sind

Please write your name and address up **here**, and sign the form **there**.
Hasn't there been any post **today**? – Not **yet**, but I expect the postman will be coming **soon**.
Carol **often** used to ring me up, but I **never** hear from her **now**.

Zu diesen „ursprünglichen Adverbien" gehören vor allem die Ortsadverbien *here* und *there*, Zeitadverbien wie *today, now, then, still, soon, yet* und Häufigkeitsadverbien wie *often, sometimes, never.*

42 Das Adverb: Steigerung und Vergleich
Adverbs in comparisons

1. Die Bildung von Komparativ und Superlativ

Adverbien steigert man wie Adjektive auf drei unterschiedliche Arten (vgl. **35**):

How you can do things:	Grundform	Komparativ	Superlativ
work:	**hard**	**harder**	**hardest**
take notes:	**fast**	**faster**	**fastest**
speak:	**clearly**	**more clearly**	**most clearly**
listen:	**carefully**	**more carefully**	**most carefully**
use a dictionary:	**often**	**more often**	**most often**
speak a language:	**well**	**better**	**best**
write:	**badly**	**worse**	**worst**
talk:	**little**	**less**	**least**
enjoy reading:	very **much**	**more**	**most**

1. Auf *-er /-est* gesteigert werden einsilbige Adverbien.
2. Auf *more / most* gesteigert werden:
   – Adverbien auf *-ly* (Ausnahme: *early – earlier – earliest*),
   – andere mehrsilbige Adverbien.
3. Unregelmäßige Steigerung haben: *well, badly, little, much.*

2. Das Adverb in Vergleichen

You've only just passed your driving test, so you can't expect to drive **as well as** Kate yet. … so gut wie …
My mother drives **faster than** my father. … schneller als …
The train gets to Bristol **more quickly than** the coach. … schneller als …
The buses here don't run **as regularly as** I thought. … nicht so regelmäßig wie …

In Vergleichssätzen mit Adverbien werden dieselben Konstruktionen benutzt wie beim Adjektiv (vgl. **36**).

43 Die Stellung von Adverbien und adverbialen Bestimmungen
The positions of adverbs and adverbial phrases

Anfangsstellung	Subjekt	Binnenstellung	Verb + (direktes Objekt)	Endstellung
Luckily	we		won the match.	
	I	**often**	play basketball.	
	Tom		scored	**immediately.**

Adverbien verwendet man an folgenden Stellen im Satz:
– in Anfangsstellung, d. h. vor dem Subjekt;
– in Binnenstellung, d. h. zwischen Subjekt und Verb;
– in Endstellung, d. h. nach dem Verb und (falls vorhanden) dem direkten Objekt.

	We		met Sally	**at the swimming pool.**
	I		started judo	**last year.**
Last year	I		started judo.	

Neben Adverbien kommen auch Wortgruppen wie *at the swimming pool, last year* vor. Man nennt sie (zusammengesetzte) adverbiale Bestimmungen. Sie haben meist Endstellung, gelegentlich auch Anfangsstellung.

! Im Gegensatz zum Deutschen kann ein Adverb oder eine adverbiale Bestimmung nicht zwischen Verb und direktem Objekt stehen.

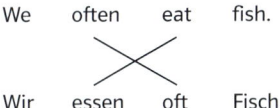

We   often   eat   fish.

Wir   essen   oft   Fisch.

That was a very good idea. Extremely clever, in fact.

***** Es gibt auch Adverbien wie *very, extremely*, die sich nur auf ein ganz bestimmtes Wort beziehen, meist auf ein Adjektiv (hier: *good*) oder auf ein Adverb (hier: *quickly*). Solche Adverbien stehen vor dem Wort, zu dem sie gehören.

That was a **very good** idea.   … eine sehr gute Idee.
They solved the problem **extremely *quickly***.   … außergewöhnlich schnell.

44 Adverbien und adverbiale Bestimmungen, die normalerweise Endstellung haben
Adverbs and adverbial phrases which normally have end position

The two men entered the building **quietly**. They found the safe **downstairs**. Don't keep all your money **in your room**. Someone stole my bike **yesterday**. I had got it new **a few weeks ago**. We lock the garage **every night**.	In Endstellung stehen vor allem – Adverbien der Art und Weise, wie *quietly, carefully, quickly, noisily;* – Ortsangaben, wie *downstairs, in your room;* – Angaben der bestimmten Zeit, wie *yesterday, a few weeks ago;* – Angaben der bestimmten Häufigkeit, wie *every night, every year.*

✶ 1 Adverbien der Art und Weise stehen manchmal auch in Binnenstellung, also vor dem Verb.

He **quickly** opened the door and ran out into the street.

✶ 2 Angaben der bestimmten Zeit und Häufigkeit kommen auch in Anfangsstellung vor.

Yesterday afternoon we took the dog to the vet's.
Every morning my dad gets up early to take Foxy out.

45 Die Reihenfolge verschiedener adverbialer Bestimmungen am Satzende
The order of different adverbials at the end of a sentence

Am Satzende folgen häufig mehrere Adverbien und zusammengesetzte adverbiale Bestimmungen aufeinander.

Traffic is moving at a snail's pace down there.

Normale Reihenfolge: Art und Weise – Ort – Zeit

You can never drive **very fast along this road**.	Art und Weise – Ort
We couldn't get the car out, it had snowed **so heavily in the night**.	Art und Weise – Zeit
Billions of pounds were spent on new roads **in Britain during the last few years**.	Ort – Zeit
Traffic was moving **at a snail's pace on the motorway last night**.	Art und Weise – Ort – Zeit

Adverbiale Bestimmungen des Mittels wie *by car* werden normalerweise zwischen Orts- und Zeitangaben eingeschoben.

He went **to London** **by car** **yesterday morning**.

46 Adverbien, die normalerweise Binnenstellung haben
Adverbs which normally have mid position

In Binnenstellung (zwischen Subjekt und Verb) stehen vor allem Adverbien der unbestimmten Zeit (*soon, already* usw.) und der unbestimmten Häufigkeit (*always, usually, often, never* usw.). Dabei sind folgende Fälle zu unterscheiden:

Stellung in Sätzen mit einfachem Vollverb	
People **often** *throw* their rubbish into the river here.	... werfen ... oft ...
The water **never** *looks* very clean.	... sieht nie sehr sauber aus.
Aber: The ducks *are* **usually** over there by the bridge.	... sind gewöhnlich ...

Enthält der Satz nur ein Vollverb, so steht das Adverb davor.
Ausnahme: Wenn das Vollverb *be* ist, steht das Adverb dahinter (vgl. Beispiel 3).

Stellung in Sätzen mit Hilfsverben
There *has* **always** *been* a public footpath through these fields.
They *should* **never** *have planted* these trees so close to the road.

Enthält der Satz ein Hilfsverb, so steht das Adverb dahinter.
Enthält der Satz mehrere Hilfsverben, so steht das Adverb nach dem ersten Hilfsverb.

47 Adverbien, die normalerweise Anfangsstellung haben
Adverbs which normally have front position

> **Unfortunately**, Westminster underground station was closed last night.
> **At first** we thought we'd have to walk all the way.
> **Then** we managed to get a bus that was going our way.

In Anfangsstellung (vor dem Subjekt) stehen vor allem Adverbien, die eine Stellungnahme ausdrücken, z. B. *unfortunately, luckily, naturally, obviously* (offensichtlich), sowie Adverbien, die Sätze miteinander verknüpfen, z. B. *at first, then, therefore.*

08 Die Zeitformen des Verbs
The tenses of the verb

Die drei grundlegenden Zeitformen des Englischen sind *past tense* („zuvor"), *present tense* („jetzt") und *will-future* („später").

past tense	present tense	will-future
zuvor	jetzt	später
The weather **was** terrible yesterday.	Today it **is** nice and sunny.	Maybe it **will be** good tomorrow, too.

Zu den meisten Zeitformen gibt es eine *simple form* und eine *progressive form*. Zum *present tense* gibt es z. B. das *simple present* und das *present progressive*.

48 Das *simple present*
The simple present

1. Formen

I/You/We/They	**work.**
He/She/It	**works.**

She	**speaks**	[-s]	English.
It often	**rains**	[-z]	in Ireland.
He never	**watches**	[-ɪz]	rugby on TV.

Sally often **flies** to New York.

Dad	**does**	[dʌz]	the shopping.
He	**goes**	[gəʊz]	into town by bus.
Mum	**says**	[sez]	she needs the car.

Nach *I, you, we* und *they* hat das *simple present* dieselbe Form wie der Infinitiv. Nach *he, she, it* wird ein *-s* angehängt. Beachte bei der *-s*-Endung (vgl. **2.1**):
– Sie wird nach stimmlosen Konsonanten [s] gesprochen, sonst [z].
– Nach einem Zischlaut wird *-es* angefügt und [ɪz] gesprochen.
– Ein *-y* nach einem Konsonanten wird zu *-ies (fly – flies, hurry – hurries)*.
Beachte die Schreibung und die Aussprache der Sonderformen *does, goes* und *says*.

2. Verwendung

Simple present für allgemein gültige Tatsachen

Dry wood **burns** well.
Water **doesn't run** uphill.
The M5 **joins** the M4 at Bristol.
A lot of people in Wales **speak** Welsh.

Simple present für Gewohnheiten

I **walk** to school *every day*.
My sister *often* **cycles** to the office.
My parents *never* **go** into London by car.
Does your dad *always* **take** the bus to work?

Das *simple present* beschreibt Tatsachen, die nicht nur im Augenblick des Sprechens, sondern allgemein gültig sind, z. B. Naturgesetze, typische Eigenschaften und Fähigkeiten. Wenn man ausdrücken will, dass jemand etwas regelmäßig, häufig, selten oder auch nie tut, verwendet man das *simple present*. Solche Sätze enthalten oft Häufigkeitsangaben wie *every day, always, often, sometimes, never*.

 Das *simple present* verwendet man auch für Handlungsfolgen, z. B. in Sportberichten oder an spannenden Stellen von Erzählungen, sowie in Inhaltsangaben (*summaries*).

... Brown **gets** the ball, **passes** it to Coker ... and ... it's a goal.
In *Robinson Crusoe* Defoe **describes** how Crusoe **builds** himself a house on the island, **makes** a boat, and **meets** the man whom he later **names** Friday.

Dad is watching the boat race.

49 Das *present progressive*
The present progressive

1. Formen

	I	**am**	**working**.
You/We/They	**are**	**working**.
He/She/It	**is**	**working**.
We	are	si**tt**ing	in the garden.
The dog	is	ru**nn**ing	after the cat.
The sun	is	shin**ing**.	
Grandpa	is	tak**ing**	the dog for a walk.
The others	are	l**y**ing	on the beach.

Das *present progressive* setzt sich zusammen aus *am/are/is* und dem *present participle* (*-ing*-Form).
Beachte beim Anfügen der *-ing*-Endung:
– Nach kurzem betontem Vokal wird der Endkonsonant verdoppelt.
– Stummes End-*e* entfällt (*shine – shining, take – taking*).

– *-ie* wird zu *-y-* (*lie – lying, die – dying*).

2. Verwendung

Present progressive für gerade ablaufende Handlungen

Hi! I'**m phoning** from the train.
Yes, I'**m travelling** up to Scotland _now_.
We'**re** _just_ **arriving** at York station.
What **are** you **doing** _at the moment_?

Das _present progressive_ verwendet man, um Handlungen zu beschreiben, die im Augenblick des Sprechens gerade ablaufen und noch nicht abgeschlossen sind. Typische Zeitangaben sind _at the moment, right now_ usw.

! Beachte den Unterschied:

simple form:

Sally **is** a reporter.
She **works** for the
Evening News.

(→ It is her _job_.)

progressive form:

Sally **is working** on an article about cloning.

(→ She is doing this _at the moment_.)

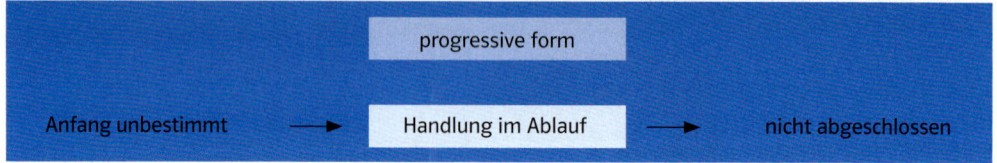

	progressive form	
Anfang unbestimmt →	Handlung im Ablauf	→ nicht abgeschlossen

50   Das _simple present perfect_
The simple present perfect

1. Formen

I	**have**	arrived.	We	**have**	arrived.
You	**have**	arrived.	You	**have**	arrived.
He She It	**has**	arrived.	They	**have**	arrived.
He	**has**	gone.	They	**have**	come.

Das _simple present perfect_ wird gebildet aus _have/has_ + _past participle_.
Beim _past participle_ gibt es
– regelmäßige Formen, die auf -_ed_ enden (für Schreibung und Aussprache gelten dieselben Regeln wie für die entsprechenden _past-tense_-Formen (vgl. **53**.**1**),
– unregelmäßige Formen (vgl. **Anhang 1**).

2. Verwendung

zuvor	jetzt
Wirkung/Dauer bis jetzt	

Wirkung / Ergebnis betont

Clare **has hurt** her foot badly. Dad's at the hospital with her now.
Dr Benson **has gone** to London. I'm afraid you can't see him this week.
You'd better not visit Sam till tomorrow. He**'s** *just* **had** his operation.

Das *simple present perfect* wird verwendet, um die Wirkung einer vergangenen Handlung auf die Gegenwart zu beschreiben.

Dies gilt auch für Handlungen, die gerade erst abgeschlossen wurden (Sätze mit *just*).

Etwas dauert bis in die Gegenwart

We **haven't seen** Grandpa *since Christmas*.
Wir haben Opa seit Weihnachten nicht mehr gesehen.
This is Mike, our new assistant. He**'s** only **been** here *for three weeks*. Er ist erst seit drei Wochen hier.
I don't know what's the matter with me. I**'ve felt** tired *all day*. Ich fühle mich schon den ganzen Tag müde.

Das *present perfect* kann auch ausdrücken, dass etwas in der Vergangenheit begann und bis in die Gegenwart andauert.
Solche Sätze enthalten stets Angaben der Zeitdauer wie *since …, for …, all day* usw. Im Deutschen steht häufig das Präsens in Verbindung mit *schon*.

Fragen und verneinte Sätze mit *(not) yet, ever, never*

Have you **booked** the tickets *yet?*
Hast du schon die Karten bestellt?
Have you *ever* **been** to a rock concert?
Warst du schon einmal in einem Rockkonzert?
I **haven't seen** this video *yet*.
Ich habe dieses Video noch nicht gesehen.
I**'ve** *never* **heard** this band before.
Ich habe diese Band noch nie gehört.

Das *simple present perfect* steht oft
– in Fragen mit *yet* (schon) und *ever* (schon einmal),

– in Sätzen mit *not … yet* (noch nicht) und *never* (noch nie).

---

51 ## Das *present perfect progressive*
The present perfect progressive

1. Formen

I/You	**have**	**been**	**waiting.**
He/She	**has**	**been**	**waiting.**
It	**has**	**been**	**raining.**
We/You/They	**have**	**been**	**watching** TV.

Das *present perfect progressive* setzt sich zusammen aus *have / has + been + present participle* (*-ing*-Form).
(Zur Schreibung des *present participle* vgl. **49.1**).

2. Verwendung

Present perfect progressive:
Handlung dauert bis in die Gegenwart

Be careful you don't get sunburnt, Judy.
You**'ve been lying** in the sun *for hours*.
Du **liegst schon** stundenlang in der Sonne.
Tom **has been working** in the garden
since lunch, and he's still busy.
… **arbeitet schon** seit …
It**'s been raining** *all day*.
Es **regnet schon** den ganzen Tag.

Das *present perfect progressive* drückt aus, dass eine Handlung bis jetzt angedauert hat (und noch weiter andauern kann). Gleichzeitig betont es den Ablauf der Handlung. Dabei wird häufig eine Zeitangabe wie *since …, for …, all day …* usw. verwendet. Im Deutschen steht dafür oft das Präsens mit *schon*.

52 *Since* und *for* beim *present perfect*
The use of *since* and *for* with the *present perfect*

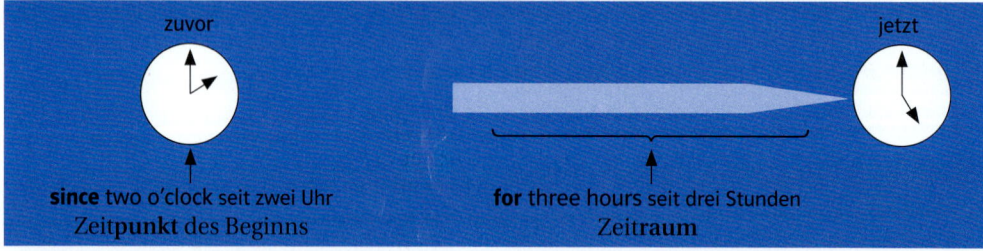

My brother has been working for British Airways **since 1999** … seit 1999 …
I've been looking for a new job **since last summer.**
The boss has been away **since Monday**.
Jane has been living in London **since she started work at the BBC**.

He hasn't taken a holiday **for two years**.
… seit zwei Jahren / schon zwei Jahre lang …
Mike has been sitting in front of his computer **for five hours** now.
You ought to buy your own pocket calculator. You've been using mine **for ages**.

Ausdrücke mit *since* bezeichnen den Zeitpunkt, an dem eine Handlung begann. Auf *since* folgen deshalb oft Angaben wie Uhrzeit, Tag, Monat, Jahr usw. (*since two o'clock, since 12th May, since Monday, since March* usw.) *Since* kann aber auch einen Nebensatz einleiten. Der Nebensatz selbst kann im *past tense* stehen (vgl. das letzte Beispiel).

Ausdrücke mit *for* bezeichnen den Zeitraum, den eine Handlung bereits andauert. *For* wird deshalb in Ausdrücken wie *for two hours, for four days, for a few weeks* verwendet.
For kann man auch durch *lang* übersetzen: *zwei Jahre lang, fünf Stunden lang* usw.

LONDON
82 ¼ MILES

*Let's have a rest here.
We've been travelling all day.*

53 Das *simple past*
The simple past

1. Formen

| I/You/He/She/It
We/You/They | **arrived** early /
came early. |

We	liste**ned**	[-d]	to the radio.
They	li**ked**	[-t]	the concert.
It	en**ded**	[-ɪd]	at midnight.

She cri**ed** when the film was over.
He sto**pp**ed the video recorder.

Beim *simple past* unterscheidet man zwischen regelmäßigen und unregelmäßigen Verbformen. Die regelmäßigen Verbformen haben die Endung *-ed*.
Aussprache: [d] nach stimmhaftem Laut; [t] nach stimmlosem Laut; [ɪd] nach [t] und [d].
Schreibung: *-y* nach Konsonant wird zu *-ie*; der Endkonsonant wird nach kurzem betontem Vokal verdoppelt.
Zu den unregelmäßigen Formen vgl. **Anhang** **1** .

2. Verwendung

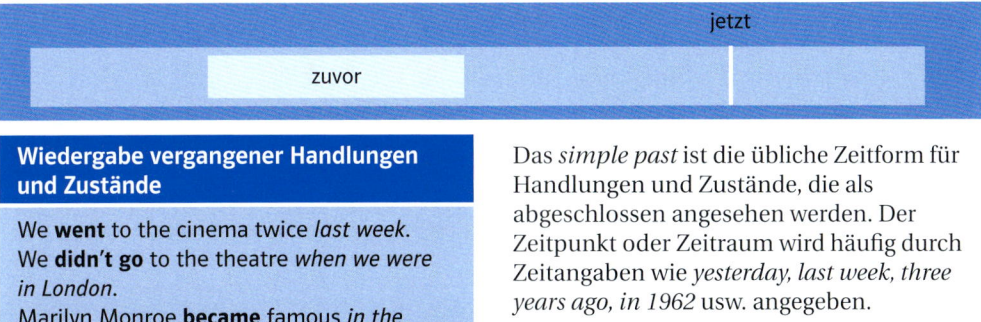

jetzt

zuvor

Wiedergabe vergangener Handlungen und Zustände

We **went** to the cinema twice *last week.*
We **didn't go** to the theatre *when we were in London.*
Marilyn Monroe **became** famous *in the 1950s.* She **died** *in 1962.*
When **did** you first **see** a Shakespeare play?
– I think it **was** *about two years ago.*

Das *simple past* ist die übliche Zeitform für Handlungen und Zustände, die als abgeschlossen angesehen werden. Der Zeitpunkt oder Zeitraum wird häufig durch Zeitangaben wie *yesterday, last week, three years ago, in 1962* usw. angegeben.

Auch in Fragesätzen mit *when* und Antworten darauf verwendet man das *simple past*.

Wiedergabe von Handlungsfolgen

A gang of youths **appeared** at the corner. Sally **began** to walk away, but when they **saw** her, they **shouted** and a moment later she **heard** the sound of running feet behind her. Then …

Das *simple past* wird auch verwendet, um vergangene Handlungsfolgen wiederzugeben, z. B. in Erzählungen.

54   Das *past progressive*
The past progressive

1. Formen

I/He/She	**was**	**walking**	home.
It	**was**	**raining.**	
You/We/They	**were**	**walking**	home.

Das *past progressive* wird gebildet aus *was / were + present participle*. (Zur Schreibung des *present participle* vgl. **49.1**.)

2. Verwendung

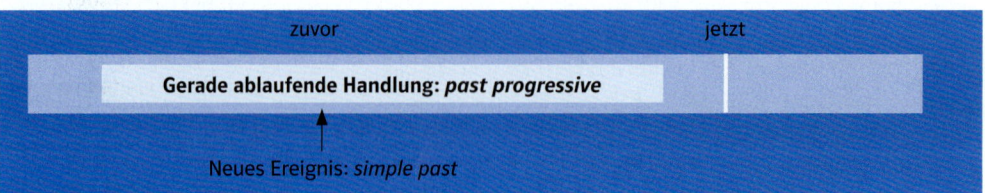

Handlungen, die gerade abliefen

We **were sitting** out in the garden when the thunderstorm **started**.
Wir saßen gerade im Garten, als …
While we **were taking** the chairs inside, the first drops of rain **fell**.
Während wir die Stühle hineintrugen …
Two children **were running** across the road in front of the school. The bus only just **stopped** in time.

Das *past progressive* benutzt man für Handlungen, die gerade abliefen („Hintergrundhandlungen"), als sich etwas Neues ereignete. Das neue Ereignis wird durch das *simple past* ausgedrückt (vgl. *started, fell, stopped*).

Gleichzeitig ablaufende Handlungen

Jack **was practising** for his concert while I **was revising** for my Maths exam.
There was a terrible noise in the house – the two dogs **were barking**, the children **were screaming**, and Peter **was shouting** at them all to be quiet.

Das *past progressive* verwendet man auch für mehrere Handlungen, die zu einem vergangenen Zeitpunkt gleichzeitig abliefen.

55   *Past tense* und *present perfect*: Gegenüberstellung
Past tense and present perfect contrasted

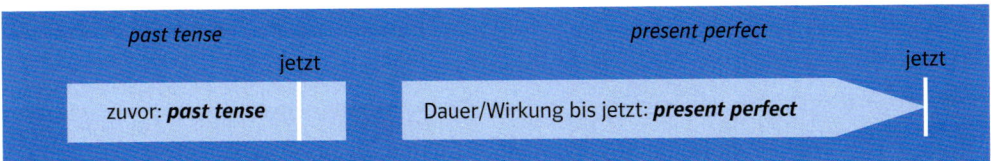

past tense		present perfect	
	jetzt		jetzt
zuvor: **past tense**		Dauer/Wirkung bis jetzt: **present perfect**	

Das *past tense* betont, dass Handlungen oder Zustände in der Vergangenheit **abgeschlossen** wurden und **vorbei** sind.

Das *present perfect* betont, dass Handlungen oder Zustände, die in der Vergangenheit begannen, in einer **Beziehung zur Gegenwart** stehen.

Past tense	Present perfect
Bei Zeitangaben wie *yesterday, a month ago, last year* und bei *when*-Nebensätzen	Bei Zeitangaben wie *since (Monday), for (three hours), so far, (not) yet, already, ever, never*
Charles **flew** back from New York *yesterday*. The Clarks **went** to Australia *last spring*. We **didn't take** many photos *when we were on holiday*. **Did** you **take** any pictures *during the flight?*	The Smiths **have been** back home *since Friday*. We **haven't heard** from them *since they went away*. Aunt Sarah **has been living** in Sydney *for ten years*. – **Have** you *ever* **visited** her? – No, I **haven't had** a chance *yet*.

Solche Zeitangaben bezeichnen einen Zeitpunkt oder Zeitraum, der ganz **in der Vergangenheit** liegt und **abgeschlossen** ist. Daher kommt hier nur das *past tense* in Frage.

Solche Zeitangaben bezeichnen einen Zeitraum, der **von der Vergangenheit bis in die Gegenwart** reicht. Daher muss hier das *present perfect* verwendet werden.

Look, I've painted my shell!

Ergebnis oder Wirkung in der Gegenwart betont
Someone **has switched** the heating off. – No wonder I feel so cold! Where's yesterday's paper? – I think I**'ve thrown** it away. My personal stereo doesn't work. – Maybe the batteries **have run** down.

Die Handlung an sich ist zwar vorbei, das **Ergebnis** ist jedoch in der Gegenwart **noch spürbar**. Deshalb muss das *present perfect* verwendet werden.

56 Das *past perfect*
The past perfect

1. Formen

I/You/He/She/It We/You/They }	**had arrived.**

Das *simple past perfect* wird gebildet aus *had* + *past participle*. (Zum *past participle* vgl. 50.1)

2. Verwendung

	damals	*past tense*
zuvor: *past perfect*		

Für Ereignisse, die in der Vergangenheit schon vorbei waren

The first pioneers *travelled* to California in 1849. Some of them **had emigrated** to the USA from Europe only a few months before. After we **had visited** our relations in Boston, we *flew* back to New York.

Das *past perfect* steht fast immer in der Nähe von *past-tense*-Formen. Das *past tense* drückt aus, was sich in der Vergangenheit („damals") ereignete. Das *past perfect* verwendet man, wenn man sich auf **noch weiter zurückliegende** Ereignisse bezieht.

✱ Außer der *simple form* hat das *past perfect* auch eine *progressive form*. Sie beschreibt Handlungen, die bis zu einem bestimmten Zeitpunkt der Vergangenheit andauerten.

He was very angry when we arrived because he **had been waiting** for almost an hour.

57 Die Wiedergabe der Zukunft: Übersicht
Ways of expressing future time

Zukünftiges Geschehen kann im Englischen durch eine Reihe von Formen wiedergegeben werden, die jeweils verschiedene Gesichtspunkte betonen.

Barbara and I **are going to spend** a week in France.	Absicht / Plan:	*going-to-future*
My cousin **is travelling** with us. We**'re meeting** at Waterloo Station.	Vereinbarung:	*present progressive*
It **will take** us about three hours to get to Paris.	Vorhersage:	*will-future*
The Eurostar **leaves** Waterloo at 9.15 a.m.	Feststehender Termin:	*simple present*

! Im Gegensatz zum deutschen Präsens kann das *simple present* im Englischen nur sehr selten verwendet werden, um zukünftiges Geschehen auszudrücken. Meist verwendet man die anderen Formen:

Ich **hole** morgen
die Fahrkarten ab.

I**'m going to collect** the tickets tomorrow.
I**'m collecting** the tickets tomorrow.
I**'ll collect** the tickets tomorrow
(if I have time).

58 Das *going-to-future*
The *going-to-future*

1. Formen

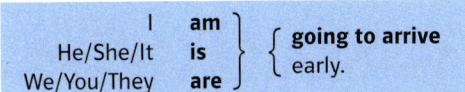

I	**am**	
He/She/It	**is**	{ **going to arrive** early.
We/You/They	**are**	

Das *going-to-future* wird gebildet aus *am/is/are* + *going to* + Infinitiv. (Meist werden die Kurzformen von *be* verwendet; vgl. **71** und **72**.)

2. Verwendung

Absichten, Vorhaben, Pläne

We**'re going to buy** Bob a CD for his birthday.
Are you **going to watch** "Match of the Day" on TV tonight?

Das *going-to-future* beschreibt, was jemand vorhat. Da die meisten Vorhaben kurzfristig sind, bezieht es sich häufig auf die nahe Zukunft.

✱ Das *going-to-future* kann auch ausdrücken, dass ein Ereignis mit Gewissheit eintreten wird, weil bereits entsprechende Anzeichen zu erkennen sind (z. B. dunkle Wolken, die Regen ankündigen):

Look at those black clouds. It**'s going to rain** soon.

59 Das *present progressive* zur Wiedergabe der Zukunft
The present progressive to express future time

Feste Pläne, Vereinbarungen

What **are** you **doing** *next Tuesday*, Daniel? –
Well, let me look in my diary. I**'m meeting** Kate in the afternoon, but I**'m not doing** anything special in the evening.
You needn't collect me *after the party*.
I**'m coming** back with the Browns.

Das *present progressive* (Formen: vgl. **49.1**) drückt aus, dass man etwas fest geplant oder vereinbart hat. Dabei muss durch eine Zeitangabe (z. B. *next Tuesday*) oder durch den Zusammenhang deutlich werden, dass die Zukunft und nicht die Gegenwart gemeint ist.

I'm sure all the fans will be there when we get back.

60 Das *will-future*
The *will*-future

1. Formen

| I/You/He/She/It We/You/They | will 'll won't [wəʊnt] | start tomorrow. |

Das *will-future* wird aus *will* + Infinitiv gebildet. In der Umgangssprache werden statt *will* und *will not* meist die Kurzformen *'ll* und *won't* gebraucht.

2. Verwendung

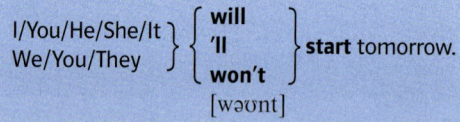

Vorhersagen und Vermutungen

Southern areas **will have** another bright day, but there **will be** a few showers in the North.

How old is Greg? – Sixteen. I think he**'ll be** seventeen next September. Yes, I'm sure he **will.**
I'm afraid I **won't see** you at Christmas, but perhaps I**'ll be** here for New Year.

Das *will-future* beschreibt hier zukünftige Ereignisse, die von äußeren Umständen abhängen und auf die der Sprecher keinen Einfluss hat (z. B. das Wetter).
Das *will-future* steht auch nach bestimmten Verben wie *think, be sure, be afraid.*
(Zum *will-future* in Bedingungssätzen vgl. **65.1** .)

 1 Das *will-future* kann auch ausdrücken, dass der Sprecher sich spontan zu etwas bereit erklärt oder etwas verspricht, ohne es vorher geplant zu haben:

These bags are so heavy. – I**'ll carry** one of them for you.

2 Neben dem einfachen *will-future* gibt es auch das *future progressive (will be + present participle):*

You needn't phone Paul. We**'ll be meeting** him tonight, remember.
Julia **will be waiting** for us on the platform when the train arrives.

61 Das simple present zur Wiedergabe der Zukunft
The simple present to express future time

Bei feststehenden Terminen							
Newport (Gwent)	–	–	–	–	–	–	–
Bristol Temple Meads	1123	–	1204	1255	1323	–	–
Bristol Parkway	1133	–	1214	1307	–	–	–
Gloucester	–	–	1249	–	1320e	–	–
Cheltenham Spa	1206	–	1259	1341	1330e	–	–
Birmingham New St	1258	–	1340	1429	1444	–	–
Birmingham New St	1305	1334	–	1434	–	1505	1534

Our train leaves at four minutes past twelve.
It **arrives** in Birmingham at twenty to two.
When **does** the concert **start**?

Das *simple present* wird – im Gegensatz zum *present progressive* – nur dann verwendet, wenn der Termin **nicht** vom Sprecher oder Handelnden selbst festgelegt ist. Häufig handelt es sich um genaue Zeitangaben aus Fahrplänen, Programmen usw. Dies ist vor allem bei den Verben *arrive, leave, begin, start* und *end* der Fall.

62 Das *simple present* in Nebensätzen der Zeit und in *if*-Sätzen
The simple present in clauses of time and in *if*-clauses

Im Nebensatz: *simple present*
Im Hauptsatz: *will-future*

We'**ll ring** you up *as soon as* we **get** there.
I'**ll show** you the photos *when* I **see** you next.
I'**ll wait** here *until* you **come** back.
If you **come** by air, we'**ll collect** you at Heathrow.

In Nebensätzen der Zeit, die sich auf die Zukunft beziehen – z. B. mit *when, as soon as, until* usw. – wird nicht das *will-future*, sondern das *simple present* verwendet. Im zugehörigen Hauptsatz steht meist das *will-future*, nie das *simple present*.
In *if*-Sätzen, die eine erfüllbare Bedingung ausdrücken, steht das *simple present*, im Hauptsatz dagegen das *will-future* (vgl. 65.1).

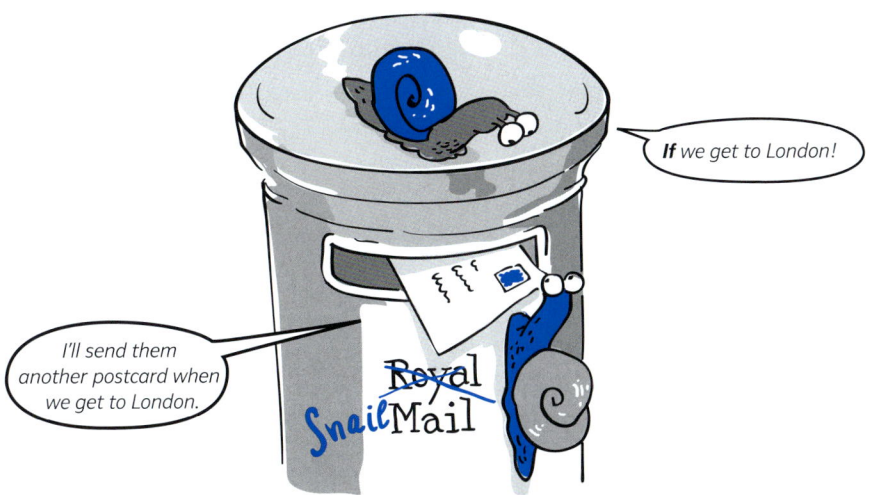

I'll send them another postcard when we get to London.

If we get to London!

63 Das *future perfect*
The future perfect

1. Formen

| I/You/He/She/It
We/You/They | { will
'll
won't } | have
gone. |

Das *future perfect* wird gebildet aus *will + have + past participle*.
(Zum *past participle* vgl. **50.1**.)

2. Verwendung

Handlung zu einem Zeitpunkt in der Zukunft abgeschlossen

I'**ll have taken** my exams *by the end of June*.
Ich werde meine Prüfungen bis Ende Juni gemacht haben.
When you get back from Los Angeles, we **will** already **have gone** on holiday.
Wenn du aus Los Angeles zurückkommst, werden wir schon in Urlaub (gefahren) sein.

Das *future perfect* drückt aus, dass eine Handlung zu einem bestimmten Zeitpunkt in der Zukunft abgeschlossen sein wird. Dieser Zeitpunkt wird z. B. durch eine Zeitangabe wie *by the end of June* oder durch einen Nebensatz der Zeit *(when you get back …)* festgelegt.

64 *Conditional* und *conditional perfect*
Conditional and conditional perfect

1. Formen

Conditional		
I/You/He/She/It We/You/They	{ would 'd }	come.

Das *conditional* wird gebildet aus *would* (Kurzform: *'d*) + Infinitiv.

Conditional perfect		
I/You/He/She/It We/You/They	{ would 'd }	have come.

Das *conditional perfect* wird gebildet aus *would ('d) + have + past participle*.

2. Verwendung

If I knew Kim's address, I **would send** her a card.

If I had seen you, I **would have told** you about the excursion.
We **would have collected** you if you had asked us.

In Bedingungssätzen steht das *conditional* im Hauptsatz, wenn der *if*-Satz eine nicht erfüllbare Bedingung ausdrückt (vgl. **65.2**). Das *conditional perfect* steht im Hauptsatz, wenn der *if*-Satz eine nicht mehr zu erfüllende Bedingung enthält (vgl. **65.3**).

65 Der Zeitengebrauch in Bedingungssätzen
The use of tenses in conditional sentences

Bedingungssätze sind Satzgefüge, die aus einem Hauptsatz und einem Nebensatz mit *if* bestehen. Der *if*-Satz beschreibt eine Bedingung, der Hauptsatz die Folgen.
Es lassen sich drei Grundtypen unterscheiden:
1. reale Bedingungssätze,
2. irreale Bedingungssätze,
3. irreale Bedingungssätze mit Vergangenheitsbezug.

1. Reale Bedingungssätze

In realen Bedingungssätzen hält der Sprecher die Bedingung für realistisch.
Sie erscheint erfüllbar.

Erfüllbare Bedingung *if*-Satz: *simple present*	Folge für die Zukunft Hauptsatz: *will-future*
If you **park** your car here,	the neighbours **will complain.**
If we **don't go** to Kim's party tomorrow,	she**'ll be** very disappointed.

 Auch wenn sich die Bedingung auf die Zukunft bezieht *(tomorrow)*, wird das *will-future* im *if*-Satz **nicht** verwendet.

 Im Hauptsatz können statt des *will-future* auch die modalen Hilfsverben *can / must / needn't* oder der Imperativ auftreten:

If you feel hungry,	you **can help** yourself to some of this cake.
If the children are tired,	please **take** them to bed.

2. Irreale Bedingungssätze

Diesen Satztyp verwendet man, wenn man daran zweifelt, dass eine Bedingung erfüllt werden kann, oder weiß, dass sie nicht erfüllt werden kann.

Nur theoretisch oder kaum erfüllbare Bedingung – *if*-Satz: *past tense*	Folge für Gegenwart oder Zukunft Hauptsatz: *conditional*
If I **had** lots of money,	I **would go** on a world tour.
If we **spent** every winter in Spain,	we **would** soon **learn** the language.
If the weather **wasn't** so unreliable,	Ireland **would be** great for cycling.

Das *past tense* im *if*-Satz bezieht sich in diesen Bedingungssätzen nicht auf die tatsächliche Vergangenheit *(hatte, verbrachten)*, sondern hat die Bedeutung eines deutschen Konjunktivs *(hätte, verbrächten / verbringen würden)*.
Statt *was* steht im *if*-Satz gelegentlich auch were: *If I **were** you, I wouldn't call the police.*

!   Im *if*-Satz steht nie das *conditional*.

✳ Im Hauptsatz können statt des *conditional* auch *could* („könnte") oder *might* („würde vielleicht") + Infinitiv verwendet werden.

If you came back by plane, we **could collect** you at the airport.

3. Irreale Bedingungssätze mit Vergangenheitsbezug

Bei diesen Bedingungssätzen ist sich der Sprecher bewusst, dass die Bedingung nicht mehr erfüllt werden kann, weil es sich um eine Situation in der Vergangenheit handelt, die vorbei ist. *(If the bus had got to the station on time … = The bus didn't get to the station on time.)*

Nicht mehr erfüllbare Bedingung *if*-Satz: *past perfect*	Folge für die Vergangenheit Hauptsatz: *conditional perfect*
If the bus **had got** to the station on time,	I **wouldn't have missed** the train.
If we **hadn't gone** the wrong way,	we **would have arrived** an hour earlier.

Das *past perfect* hat im *if*-Satz nicht seine übliche Bedeutung *(angekommen war, gefahren waren)*, sondern die Bedeutung einer deutschen Konjunktivform *(angekommen wäre, gefahren wären)*.

!   Im *if*-Satz steht nie das *conditional perfect*.

✳ Auch in Wunschsätzen mit *I wish* und *if only* können das *past tense* und das *past perfect* in der Bedeutung deutscher Konjunktivformen stehen:

I wish I **were / was** a millionaire.	Ich wünschte, ich wäre Millionär.
If only I **had** enough money for a trip to Australia.	Wenn ich doch nur genug Geld … hätte.
I wish I **hadn't told** Helen about Julie and Sam.	Ich wünschte, ich hätte Helen nichts von Julie und Sam erzählt.

Passivsätze stellen eine Handlung aus anderer Sicht dar als Aktivsätze. Sie betonen, **was** gemacht wird. Die Handlung selbst steht im Vordergrund. In Aktivsätzen wird dagegen betont, **wer** etwas tut.

active voice

The police **stopped** the traffic.

passive voice

The traffic **was stopped.**

66 Die Zeitformen des Passivs
The passive forms of the verb

1. Formen

The car **is checked** regularly.
The oil **was changed** yesterday.
The tank **has been filled** up.
The car **had been washed** before.
A new model **will be produced** next year.
A radio **would be included** in the price.

Gebräuchliche Formen sind:

simple present:	*am / is / are*
simple past:	*was / were*
present perfect:	*have / has been*
past perfect:	*had been*
will-future:	*will be*
conditional:	*would be*

+ *past participle*

One of the back lights **must be replaced**.
… muss ersetzt werden.
The work **should be finished** by this evening. Die Arbeit sollte bis heute Abend gemacht sein.

must
should
can
usw.

+ *be + past participle*
(Passivform des Infinitivs)

(Zum *past participle* vgl. **50.1**.)

Gelegentlich werden auch das *present progressive* und das *past progressive* des Passivs verwendet:

My bike **is being repaired** at the moment.	Mein Fahrrad wird gerade repariert.
My bike **was being repaired**, so I went by bus.	Mein Fahrrad wurde gerade repariert …

2. Die Verwendung der Zeitformen des Passivs

Die Zeitformen des Passivs werden nach denselben Regeln verwendet wie die Zeitformen des Aktivs.

The market here **is held** on Wednesdays and Saturdays. This post box **is** never **emptied** on Sundays.	Das *simple present* wird verwendet, wenn etwas regelmäßig, häufig, selten oder auch nie getan wird (vgl. **48.2**).
The grass **has been cut**, I see. The garden looks much better now. **Have** all the apples **been picked**?	Das *simple present perfect* gebraucht man, um die Wirkung einer vergangenen Handlung auf die Gegenwart zu betonen (vgl. **50.2** und **55**).
A number of large trees **were blown down** here in a bad storm last autumn. A lot of damage **was done**.	Das *simple past* betont, dass eine vergangene Handlung als abgeschlossen angesehen wird (vgl. **53.2** und **55**).

67 Passivsätze mit und ohne *by-agent*
Passive sentences with and without a *by*-agent

Ohne *by*-agent			
	Subjekt		**Objekt**
Aktiv:	Someone	has called	the fire brigade.
Passiv:	The fire brigade	has been called.	
	Subjekt		

Passivsätze lassen sich im Englischen mit fast allen Verben bilden, die im Aktivsatz ein Objekt haben. Das Objekt des Aktivsatzes erscheint im Passivsatz als Subjekt.
Der Verursacher der Handlung (hier: *someone*) wird im Passivsatz oft nicht genannt, weil es z. B. unwichtig oder offensichtlich ist, wer etwas tut oder getan hat.

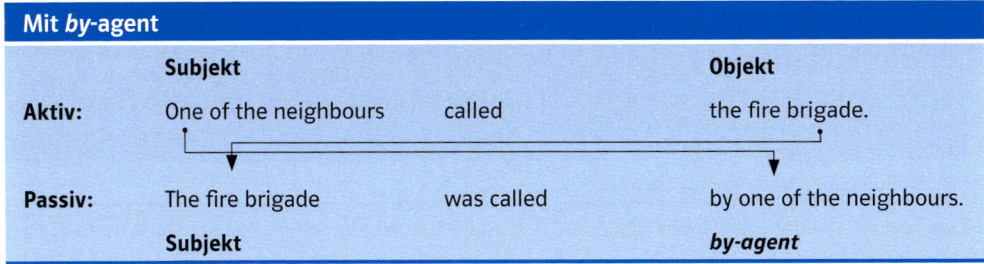

Mit *by*-agent

	Subjekt		Objekt
Aktiv:	One of the neighbours	called	the fire brigade.
Passiv:	The fire brigade	was called	by one of the neighbours.
	Subjekt		*by-agent*

Wenn man den Verursacher eines Geschehens auch im Passivsatz nennen will, so verwendet man den *by-agent*. Er entspricht dann dem Subjekt des Aktivsatzes. Passivsätze mit *by-agent* werden vor allem dann verwendet, wenn man besonders betonen möchte, wer etwas tut oder getan hat.

The car is checked regularly.

68 Das Passiv bei Verben mit Präpositionen
Verbs with prepositions in passive sentences

	Subjekt	Verb + Präposition	Präpositionalobjekt
Aktiv:	Our friends	**looked after**	the dog.
Passiv:	The dog	**was looked after**	by our friends.
	Subjekt	Verb + Präposition	*by-agent*

Verb und Präposition gehören im Englischen so eng zusammen, dass sie auch im Passivsatz nicht getrennt werden. Bei der Übersetzung ins Deutsche kann man Passivsätze oder Sätze mit *man* verwenden.

Those new neighbours don't seem very friendly. They only speak if they**'re spoken to**.	… wenn **man** sie anspricht.
Last night two houses in our road **were broken into**.	Heute Nacht wurde … eingebrochen./ … hat **man** … eingebrochen.

69 Das persönliche Passiv bei Verben wie *give, show, offer, tell*
The personal passive with verbs like *give, show, offer, tell*

		indirektes Objekt	direktes Objekt	
Aktiv:	They **gave**	**us**	the largest room.	
Passiv:	We **were given**		the largest room.	Man gab uns das größte Zimmer.
	Subjekt			

Bei Verben mit zwei Objekten wie *give, show, offer, tell* (vgl. **86**) wird das Passiv im Englischen meist anders gebildet als im Deutschen:
Das indirekte Objekt des Aktivsatzes wird zum Subjekt des Passivsatzes. Da es sich hierbei meist um eine Person handelt, spricht man vom „persönlichen Passiv".
Bei der Übersetzung ins Deutsche werden häufig Sätze mit *man* verwendet.

I **was shown** all the latest travel brochures.	Man hat mir … gezeigt.
The visitors **were offered** free drinks when they arrived.	Man bot den Gästen kostenlose Getränke an …
We **were told** a lot about the history of the islands.	Es wurde uns viel über die Geschichte der Inseln erzählt.

✱ Es gibt auch noch eine andere Art, Passivsätze mit diesen Verben zu bilden, die jedoch seltener benutzt wird: Das direkte Objekt des Aktivsatzes wird zum Subjekt des Passivsatzes, und das indirekte Objekt wird mit *to* angeschlossen.

The letter **has been sent *to the wrong person***.
The job **was offered *to the person with the best qualifications***.

10 Die Hilfsverben
The auxiliaries

70 Hilfsverben und Vollverben
Auxiliaries and main verbs

Subjekt		**Vollverb**	
She		**speaks**	five languages.

Im Englischen gibt es sehr viele Vollverben (*speak, read, live* usw.). Nur sie können für sich allein stehen.

Subjekt	**Hilfsverb**	**+**	**Vollverb**	
She	**can**		**speak**	five languages.

Hilfsverben werden dagegen nur in Verbindung mit einem Vollverb verwendet.
Bei den Hilfsverben unterscheidet man zwei Gruppen:
– *be, have* und *do* (Diese Verben können auch als Vollverben gebraucht werden.)
– *can, may, must* usw. (Diese Verben nennt man **modale Hilfsverben.**)

71 Die Kurzformen der Hilfsverben
The short forms of auxiliaries

Im Gegensatz zu den Vollverben gibt es bei den Hilfsverben Kurzformen (vgl. die Formenübersichten in 72 – 75), z.B.:
*I **will** help you = I**'ll** help you.*   *She **cannot** come. = She **can't** come.*

Langformen	Kurzformen
Will Tom **be** at home this evening? – Yes, I expect he **will**. **Have** you got the tickets? – Yes, of course we **have**. **Are** you ready? – Yes, I **am**.	I'm afraid I **can't** come this weekend. We**'ll** let you know when we**'ve** booked our flight. You**'re** coming back on Sunday, **aren't** you?
Die Langformen der Hilfsverben werden in Entscheidungsfragen und bejahten Kurzantworten verwendet.	In Aussagesätzen werden in der Umgangssprache normalerweise die Kurzformen verwendet.

✱ Die Langformen verwendet man in Aussagesätzen im Allgemeinen nur im förmlichen Stil (öffentliche Rede, Geschäftsbrief, Aufsatz usw.).

We are very sorry that Lady Fitzgerald **cannot** be here with us tonight.
Unfortunately I **have not** yet received a reply to my letter of April 21st.

72   *Be* als Hilfsverb und Vollverb
Be used as an auxiliary and as a main verb

1. Formen

Present tense				Past tense			
Langformen		**Kurzformen**		**Langformen**		**Kurzformen**	
I	**am (not)**	I **'m** **(not)**		I	**was (not)**	I	**wasn't**
you	**are (not)**	you **'re** **(not)**	you **aren't**	you	**were (not)**	you	**weren't**
he she } **is (not)** it		he **'s** she **'s** } **(not)** it **'s**	he she } **isn't** it	he she } **was (not)** it		he she } **wasn't** it	
we you } **are (not)** they		we **'re** you **'re** } **(not)** they **'re**	we you } **aren't** they	we you } **were (not)** they		we you } **weren't** they	
Infinitiv: be		**-ing-Form:** being				**past participle:** been	

 1 In Fragen kann man für *am I not* auch *aren't I* verwenden:

Aren't I stupid?   I'm a bit late, aren't I?

 2 Besonders in amerikanischen Popsongs trifft man häufig auf die Slang- und Dialektform *I ain't* [eɪnt] für *I'm not*. Außerdem wird die Form *ain't* auch für *aren't, isn't, haven't* und *hasn't* gebraucht.

2. Verwendung

Be als Hilfsverb zur Bildung der *progressive form* und des Passivs

Please be quiet! Mark and I **are *listening*** to the news.
Can I have the paper, please? You**'ve been *reading*** it for ages.
The western we saw last night **was *filmed*** in Spain.
"Oliver Twist" **has been *shown*** at least three times. I don't want to watch it again.

Die Formen des Hilfsverbs *be* und das *present participle* (-*ing*-Form) eines Vollverbs bilden zusammen die *progressive form* (vgl. **49.1**, **51.1**, **54.1**).
Außerdem dient *be* – in Verbindung mit dem *past participle* – zur Bildung des Passivs (vgl. **66.1**).

Be als Vollverb

The Hunters **are** both *doctors*.
Becky's grandfather **is** very *ill*.
The hospital **is *on the other side of the town***.
Visiting hours **are *from 4 p.m. to 6 p.m.***
Where**'s** Mrs Tate? She **isn't** in the waiting-room.
These pills **aren't** suitable for small children.

Als Vollverb zieht *be* immer eine Ergänzung nach sich, z. B. ein Nomen, ein Adjektiv oder eine Orts- oder Zeitangabe.

Auch wenn *be* als Vollverb gebraucht wird, können die Kurzformen verwendet werden.

73 *Have* als Hilfsverb und Vollverb

Have used as an auxiliary and as a main verb

1. Formen

	Langformen		Kurzformen			
Present tense	I/you **have** **(not)** he/she/it **has** **(not)** we/you/they **have** **(not)**		I've/you've he's/she's/it's we've/you've/they've	**(not)**	I/you he/she/it we/you/they	**haven't** **hasn't** **haven't**
Past tense	I/you he/she/it **had** **(not)** we/you/they		I'd/you'd he'd/she'd/it'd we'd/you'd/they'd	**(not)**	I/you he/she/it we/you/they	**hadn't**
Infinitiv: have		**-ing-Form:** having			***past participle:*** had	

> **!** Die Kurzformen *'s* und *'d* sind doppeldeutig. Beachte den Unterschied:

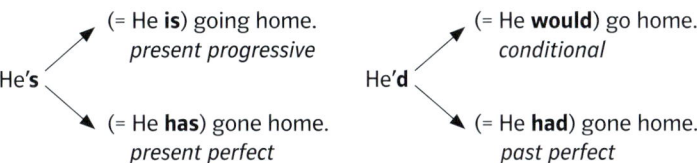

He's 〈 (= He **is**) going home.
present progressive
(= He **has**) gone home.
present perfect

He'd 〈 (= He **would**) go home.
conditional
(= He **had**) gone home.
past perfect

2. Verwendung

Have als Hilfsverb zur Bildung der *perfect tenses*

Judy **has** *taken* her A levels this year.
I **would have** *done* better in my exams if I **had** *worked* harder.
You**'ve** *been doing* a lot of revision!
Next year at this time we**'ll have** *left* school.
Have you *finished* your English essay?
I **haven't** even *started* mine yet!

Die Formen des Hilfsverbs *have* verwendet man in Verbindung mit dem *past participle* eines Vollverbs, um die *perfect tenses* zu bilden (*present perfect* – vgl. **50.1**; *past perfect* – vgl. **56.1** usw.).
Wenn *have* als Hilfsverb verwendet wird, wird es in Frage und Verneinung nicht mit *do* umschrieben.

Have als Vollverb mit *do*-Umschreibung in Frage und Verneinung

My great-grandparents **had** seven daughters, but they **didn't have** any sons.
Do you **have** any relatives in Wales? – No, I **don't**.

Have kann, wie das deutsche *haben*, Besitz oder Zugehörigkeit ausdrücken. Dabei ist nur die *simple form* möglich.
In Frage und Verneinung wird *have* mit *do* umschrieben.

Have got statt have im present tense

Have you **got** your tennis things with you? – Yes, I**'ve got** my racket and my shoes. But I **haven't got** any balls.

Have in festen Verbindungen mit Nomen

We **were having** *lunch* when they arrived.
Wir aßen gerade zu Mittag …
Do you **have** *tea* or *coffee* for breakfast?
I **didn't have** *a bath* last night. I **had** *a shower* this morning instead.

Vor allem im britischen Englisch wird anstelle von *have* im *present tense* auch *have got* verwendet. Es wird in Frage und Verneinung nicht mit *do* umschrieben.

Es gibt eine große Anzahl fester Verbindungen aus *have* + Nomen, die eine Tätigkeit beschreiben (*have tea / breakfast / a shower* usw.). Hier kann *have* auch in der *progressive form* stehen.
Auch in dieser Bedeutung wird *have* in Frage und Verneinung mit *do* umschrieben.

✱ Zu *have to* in der Bedeutung „müssen" vgl. **79** . Zu *have something done* in der Bedeutung „etwas machen lassen" vgl. **107** .

---

74 ## *Do* als Hilfsverb und Vollverb
Do used as an auxiliary and as a main verb

1. Formen

Present tense				Past tense			
Langformen		**Kurzformen**		**Langformen**		**Kurzformen**	
I/you **do**		I/you **don't**		I/you		I/you	
he		he		he		he	
she **does**	**(not)**	she **doesn't**		she	**did (not)**	she	**didn't**
it		it		it		it	
we		we		we		we	
you **do**		you **don't**		you		you	
they		they		they		they	
Infinitiv: do		*-ing*-**Form:** doing				***past participle:*** done	

2. Verwendung

Do als Hilfsverb in Frage und Verneinung	Man verwendet *do*, wenn kein anderes Hilfsverb vorhanden ist

Do you **like** jazz? – Yes, I **do**, but I **don't like** this band very much.
Ann plays the guitar, **doesn't** she? – Yes, she **does**.
Did you **go** to the concert last night? – No, I **didn't**.
That Jamaican girl **did sing** beautifully! (= That Jamaican girl really sang beautifully.)
I **do** love the saxophone. (= I really love the saxophone.)

– zur Bildung von Frage und Verneinung (vgl. `118` und `116`),
– in Bestätigungsfragen *(question tags)* und Kurzantworten (vgl. `121` und `119`),

– zur Hervorhebung einer Aussage *(do-emphasis)*.

Do als Vollverb

What**'s** Gill **doing**? – She**'s doing** her French homework at the moment.

What **do** you **do** in your free time? – I go swimming a lot in the summer, but I **don't do** much in the winter.

Als Vollverb beschreibt *do* eine Tätigkeit und wird häufig in der *progressive form* verwendet.

In Frage und Verneinung wird das Vollverb *do* mit dem Hilfsverb *do* umschrieben.

`75` Die modalen Hilfsverben: Formen und Vergleich mit Vollverben
The modal auxiliaries: forms and comparison with main verbs

1. Die gebräuchlichsten Formen

Present-tense-Formen				Past-tense-Formen			
Bejahte Lang- und Kurzformen		**Verneinte Lang- und Kurzformen**		**Bejahte Lang- und Kurzformen**		**Verneinte Lang- und Kurzformen**	
can	–	cannot	can't	could	–	could not	couldn't
may	–	may not	–	might	–	might not	mightn't
must	–	must not	mustn't				
need	_	need not	needn't				
will	'll	will not	won't	would	'd	would not	wouldn't
shall	–	shall not	shan't	should	–	should not	shouldn't
				ought to	–	ought not to	oughtn't to

2. Besonderheiten der modalen Hilfsverben

Immer mit Infinitiv

My brother **can speak** Chinese.
May I **borrow** your dictionary?

You **ought to learn** your French words.

> ! Deutsch: Ich **muss** jetzt nach Hause.
> Englisch: I **must go** home now.

Modale Hilfsverben werden nur in Verbindung mit dem Infinitiv eines Vollverbs verwendet.
Der Infinitiv wird **ohne *to*** angeschlossen.
Ausnahmen: *ought to* und *used to*

> ! Im Gegensatz zum Deutschen kann der Infinitiv nicht entfallen.

Kein *-s* bei *he/she/it*

Bob **can** drive now.
Where's the car? – It **must** be in the garage.

Die *present-tense*-Formen haben kein *-s* in der 3. Person Singular. Sie lauten für alle Personen gleich.

Ersatzformen für fehlende Formen

You **can't** go to school with a temperature.
But I expect you**'ll be able to** go back on Monday.
I really **must** go to bed. I feel terrible.
We **had to** call the doctor last night.

Die modalen Hilfsverben haben nur eine oder zwei Zeitformen (meist *present* und *past tense*, vgl. Abschnitt 1).
Für die fehlenden Zeitformen treten Verben mit ähnlicher Bedeutung ein, die sogenannten Ersatzformen (vgl. **77**, **79**, und **80**).

* Die *past-tense* Formen beziehen sich meistens nicht auf die Vergangenheit, sondern entsprechen deutschen Konjunktiven (*könnte, sollte* usw.).
Formen wie *should have done, could have done* entsprechen deutschen Konjunktivformen wie *hätte tun sollen, hätte tun können*.

Could you tell me the way to the station, please?
We **should have got** up earlier.

Könnten Sie mir bitte sagen, wie ich zum Bahnhof komme?
Wir **hätten** früher **aufstehen sollen**.

76 Die Verwendung der modalen Hilfsverben
The use of the modal auxiliaries

  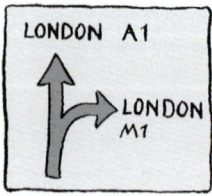 

You may ...   *You mustn't ...*   *You can ...*   *You must ...*

Modale Hilfsverben können Gebote, Ratschläge, Verbote, Erlaubnis usw. ausdrücken.

Typische Verwendungsweisen der modalen Hilfsverben sind:

Will / Would / Can / Could you give me a hand? **Can / Could / May** I use your telephone?	– um etwas **bitten**
You **can / could** ask someone.	– etwas **vorschlagen**
You **can / may** come in now. Can / May I go now? – No you **can't / may not**. You **mustn't** wake the baby.	– etwas **erlauben** – etwas **verbieten**
You **must** tell me the truth. You **needn't** wash up today. I'll do it.	– jemand zu etwas **auffordern** – jemand sagen, dass etwas **nicht notwendig** ist
You **should / ought to** take an extra pullover. You **shouldn't / oughtn't to** go to bed so late.	– jemand etwas **raten** – jemand **kritisieren**

 Mit modalen Hilfsverben kann man auch eine Annahme ausdrücken. Man hält etwas für

sicher	There's someone at the door. – It **must** be the postman.
wahrscheinlich	The phone's ringing again. – It**'ll** be John.
möglich	Sue wasn't at work today. She **may / might / could** be ill.

77 ## Can, could

Fähigkeit: *can / can't, could / couldn't* Ersatzform: *be able to*		
Present tense	I **can** understand French when it's spoken slowly, but I **can't** understand Spanish at all. Ich kann Französisch verstehen … aber ich kann überhaupt kein Spanisch verstehen.	Das Hilfsverb *can* drückt wie das deutsche *können* aus, dass jemand fähig ist, etwas zu tun.
Past tense	The man in the shop **couldn't** speak English, so we **could** only communicate by sign language. … konnte kein Englisch, deshalb konnten wir …	Die *past-tense*-Formen lauten *could / could not / couldn't*.
Andere Zeitformen	Ellen **has been able to** speak Italian since she was a small child. … kann seit ihrer Kindheit … sprechen.	In den anderen Zeitformen verwendet man die Ersatzform *be able to*.

Bitte: *Can …? / Could …?*
Erlaubnis / Verbot: *can / can't* –
Ersatzform: *be allowed to*

Can / Could you lend me ten pounds?
Kannst du … / Könntest du mir … leihen?
Can / Could I park the car here? – No, I'm afraid you
can't. Kann / Könnte ich …?
You **can** use the phone over there.
I'm afraid you **can't** sit at this table, madam. It's
reserved.
I hope we**'ll be allowed to** take the dog into the hotel
dining-room. Ich hoffe, dass wir den Hund mit in den
Speisesaal nehmen dürfen.

Durch Fragen mit *can* und *could*
kann man um etwas bitten.

Mit *can* und *can't* kann man etwas
erlauben oder verbieten.

In den fehlenden Zeitformen
verwendet man zum Ausdruck von
Erlaubnis und Verbot *be allowed to*.

✱ Mit *can't* kann man auch ausdrücken, dass man etwas für unmöglich hält:

Surely this **can't** be the way to the beach?   Das kann doch nicht …

78   *May, might*

Erlaubnis: *may*

May I borrow your biro? – Yes, of course
(you **may**). Darf ich deinen Kugelschreiber
ausleihen? – Ja, natürlich.
May I copy your maths homework? – No,
you certainly **may not**. Nein, das darfst du auf
keinen Fall.

May gebraucht man, wenn man in besonders
höflicher Form um Erlaubnis bittet, also in
Fragen. Es erscheint gelegentlich auch in
Antworten auf solche Fragen. Häufiger ist
hier – in Fragen und Antworten – *can*
(vgl. **77**).

Möglichkeit: *may / might*

He **may** be ill. He **might** even be in hospital.
Er ist vielleicht krank. Er könnte sogar im
Krankenhaus sein.
We're late. The film **may have / might have**
already **started**. Der Film hat vielleicht schon
angefangen.

Mit *may* oder *might* wird ausgedrückt, dass
etwas möglicherweise der Fall ist. *Might*
drückt eine geringere Wahrscheinlichkeit aus
als *may*.

79 *Must, needn't*

Notwendigkeit: *must* Ersatzform: *have to*		Mit *must* kann man ausdrücken, dass man etwas für notwendig hält oder dass man jemand zu etwas auffordern will. Man kann *must* nur im *present tense* verwenden.
Present tense	We **must** leave now. We haven't got much time before the last bus goes. Wir müssen jetzt gehen. You **must** come and visit us again soon. It's always lovely to see you. Ihr müsst uns bald wieder besuchen.	
Andere Zeitformen	It was foggy over London, so our plane **had to** land at Manchester Airport. … deshalb musste … landen. **Did** you **have to** change trains at York? Musstet ihr in York umsteigen? We'**ve had to** cancel our holiday plans. The Intercity is usually quite crowded. We'**ll have to** book seats.	Im *past tense* verwendet man als Ersatzform meist *had to*. Fragen werden mit *do* gebildet (*do*-Umschreibung). Auch in den anderen Zeitformen wird als Ersatzform meist eine Form von *have to* gebraucht.

 **1** *Must* kann auch eine Art Schlussfolgerung ausdrücken:

It's five o'clock now – the match **must** be nearly over.
Listen to the noise – our team **must** have won.

Keine Notwendigkeit: *needn't* Ersatzform: *not + have to*		Needn't drückt aus, dass jemand etwas nicht für notwendig hält. *Needn't* kann nur im *present tense* verwendet werden.
Present tense	You **needn't** read the instructions. I know how to programme the video recorder. Du brauchst die Gebrauchsanweisung nicht zu lesen … Are you taking your camera? If so I **needn't** take mine.	
Andere Zeitformen	How much did the repairs to your computer cost? – It was still guaranteed, so we **didn't have to** pay anything. There's even a dishwasher in this holiday flat. So we **won't have to** do any washing up.	Im *past tense* verwendet man als Ersatzform gewöhnlich *didn't have to*. Auch in den anderen Zeitformen wird meist eine Form von *have to* gebraucht.

 2 Auf die Frage *Must I do that?* lautet die Kurzantwort *Yes, you **must*** oder *No, you **needn't**.*

 3 *Need* kann auch als Vollverb verwendet werden und entspricht dann der Ersatzform *have to*. Als Vollverb zieht *need* den Infinitiv mit *to* nach sich:

Jenny **needs to** have a rest.   Jenny muss sich ausruhen.
Do we **need to** finish all this today?   Müssen wir das alles heute fertig machen?
There was plenty of time, so we   … deshalb brauchten wir uns nicht
didn't need to hurry.   zu beeilen.

80   *Mustn't*

Verbot: *mustn't* **Ersatzform:** *not be allowed to*	
Present tense	You **mustn't** cycle in the dark without lights. Du darfst im Dunkeln nicht ohne Licht fahren.
Andere Zeitformen	We **weren't allowed to** take photos in the church. Wir durften in der Kirche nicht fotografieren. Visitors **have** never **been allowed to** go inside the palace. I expect we**'ll be allowed to** have a picnic in the gardens.

Ein Verbot wird durch *mustn't* ausgedrückt. *Mustn't* ist nur im *present tense* möglich.

In den anderen Zeitformen gebraucht man als Ersatzform meist *not be allowed to*. (Zu *be allowed to* im Sinne von *dürfen* vgl. **77**.)

> **!** Du **musst** das tun. = You **must** do that.
> **•** Du **darfst** das **nicht** tun. = You **mustn't** do that. *(= Don't do that.)*
> Du **brauchst** das **nicht** zu tun. = You **needn't** do that. *(= It's not necessary.)*

> You mustn't go in there, it's private.

PRIVATE KEEP OUT!

> You needn't climb over the fence. There's a gate round the corner.

81   *Will, would* und *want to*

Bereitschaft: *will / would*
Will you set the table while I'm making the salad? Würdest du den Tisch decken …? **Would you** help me with the washing-up, please? Würdest du mir bitte beim Abwaschen helfen? Don't worry about supper. I**'ll** make myself a sandwich when I get back. Ich mache mir ein belegtes Brot …

Mit *Will you?* und *Would you?* fragt man höflich, ob jemand bereit ist, etwas zu tun. Man spricht damit also eine Bitte aus. Dabei klingt *would you* noch höflicher als *will you.* Mit *I'll* oder *we'll* kann man ausdrücken, dass man selbst bereit ist, etwas zu tun.

Wunsch: *would like to, want to*

I'd **like to** get a holiday job again this summer. Ich würde diesen Sommer gern wieder in den Ferien arbeiten.
What **would** you **like to** do?
Would you **like to** work in our office, Anna?
We **would** very much **like to** offer you a job.
Philip **wants to** sit in the front row.
We **wanted to** get to the theatre in good time. Wir wollten rechtzeitig ins Theater kommen.

Mit *would like to* (I'd like to usw.) kann man einen Wunsch ausdrücken oder erfragen.

Fragen mit *would you like to* sind oft Einladungen oder Angebote.

Auch mit *want to* kann man Wünsche ausdrücken. Da *want* ein Vollverb ist, kann es in allen Zeitformen verwendet werden.

! Das deutsche *wollen* wird im Englischen nicht durch *will* wiedergegeben, sondern durch *want to*:

Ich **will** nach Hause gehen.   I **want to** go home.

✳ *Will* kann auch eine Annahme ausdrücken:

Where's Tom? – He'**ll** / He **will** be in the garden.   Er wird im Garten sein.

82 *Used to*

Früherer Zustand oder frühere Gewohnheit: *used to* + Infinitiv

There **used to be** a shoe factory on that side of the road. Früher war auf der anderen Straßenseite eine Schuhfabrik.
My sister and I **used to walk** past it on our way to school. Meine Schwester und ich gingen … immer daran vorbei.
Years ago, girls and boys often **used to go** to different schools. Vor vielen Jahren gingen Mädchen und Jungen oft auf verschiedene Schulen.

Mit *used to* + Infinitiv kann man ausdrücken, dass etwas früher der Fall war, jetzt aber nicht mehr zutrifft.
Von *used to* gibt es daher nur die *past-tense*-Form, keine *present-tense*-Form.
Im Deutschen kann man *used to* mit *früher* oder *immer* wiedergeben.
Manchmal wird es auch gar nicht übersetzt.

! *Used to* + Infinitiv darf nicht mit *be used to* + -*ing*-Form verwechselt werden (vgl. **100** ✳).

I **used to** *work* a lot in the evenings, but I don't now.	**Früher habe** ich abends **(immer)** viel **gearbeitet** …
I'**m used to** *working* with the radio on.	Ich **bin es gewohnt zu arbeiten**, wenn das Radio an ist.

✳ *Used to* kann auf verschiedene Weise verneint werden:

A hundred years ago, people
{
didn't use to go on holiday.
never used to go on holiday.
used not to go on holiday.
}

83 *Shall, should, ought to, had better*

Angebot / Vorschlag:
Shall I …? / Shall we …?

Shall I make us some sandwiches?
Soll ich uns ein paar belegte Brote machen?
Or **shall we** have lunch on the train?

Mit *Shall I …?* und *Shall we …?* kann man einen Wunsch erfragen oder einen Vorschlag machen.

Rat / Ermahnung / Kritik:
should / ought to / had better

You **shouldn't** drink so much coke, you know. Du solltest nicht so viel Cola trinken.
We **ought to** eat more fresh fruit and salads. Wir sollten mehr … essen.
The milk's gone bad. I'**d better** throw it away. Ich sollte sie lieber weggießen.
There's no bread. – We **should have** bought some yesterday. … – Wir hätten gestern welches kaufen sollen.
Oh dear, I **shouldn't have** eaten so much – but it tasted so good!

Should, ought to und *had better* entsprechen dem deutschen *sollte (eigentlich)*. Mit ihnen kann man jemand ermahnen oder jemand einen Rat geben.

Die Formen *should have done* und *ought to have done* entsprechen dem deutschen *hätte tun sollen*. Damit kritisiert man, dass in der Vergangenheit etwas versäumt oder falsch gemacht wurde.

11 Das Verb und seine Ergänzungen
The verb and its objects

84 Verben mit und ohne Objekt
Verbs with and without an object

Subjekt	Verb	Subjekt	Verb	Objekt
She	**was reading.**	She	**was reading**	*a magazine.*

Die meisten englischen Verben (wie *read, write, eat* usw.) können entweder ohne Objekt oder mit Objekt verwendet werden. Die Bedeutung ist in beiden Fällen dieselbe.
Anders verhält es sich mit den folgenden Verben:

Leicht verwechselbare Verben wie *lie* – liegen / *lay* – legen	
Verb ohne Objekt	**Verb mit Objekt**
After lunch I **lay** on the sofa for half an hour. Nach dem Mittagessen lag ich eine halbe Stunde auf dem Sofa.	She **laid** *her hand* on his shoulder. Sie legte ihm die Hand auf die Schulter.
lie [laɪ] – **lay** [leɪ] – **lain** [leɪn] *(liegen;* **lie down:** *sich hinlegen)*	**lay** [leɪ] – **laid** [leɪd] – **laid** [leɪd] *(legen)*
May I **sit** here? Or is this seat reserved? Darf ich mich hier hinsetzen?	We've got to leave early tomorrow, so don't forget to **set** *your alarm clock*. … vergiss nicht, deinen Wecker zu stellen.
sit – **sat** – **sat** *(sitzen;* **sit down:** *sich hinsetzen)*	**set** – **set** – **set** *(setzen, stellen)*
Food prices **have risen** quite a bit recently. Die Preise für Nahrungsmittel sind in letzter Zeit ganz schön angestiegen.	They**'ve raised** *the price of petrol* again. Sie haben den Benzinpreis schon wieder erhöht.
rise [raɪz] – **rose** [rəʊz] – **risen** ['rɪzn] *(sich erheben, aufstehen, steigen)*	**raise** [reɪz] – **raised** [reɪzd] – **raised** [reɪzd] *(heben, erheben, anheben, erhöhen)*

 Manche Verben können mit oder ohne Objekt verwendet werden, haben dann aber unterschiedliche Bedeutungen, z. B. *work, grow* und *run*:

We'll have to go to the ticket office after all – this machine **doesn't work**. (… dieser Automat funktioniert nicht.)
Everything **grows** well in this mild climate. (Alles wächst … gut.)
We'll catch the bus all right if we **run**. (… wenn wir laufen.)

I'd like a cup of coffee. Can you show me how to **work** *this machine?* (… wie man diesen Automaten bedient?)
Our neighbours **grow** *a lot of vegetables* in their garden. (… bauen … viel Gemüse an.)
My uncle **runs** *a big holiday camp*. (… leitet / führt ein großes Ferienlager.)

85   Phrasal verbs

Subjekt	Verb + Präposition	Objekt	Subjekt	Verb + Adverb	(Objekt)
She	**looked at**	her watch.	She	**sat down.**	
			She	**took off**	her coat.

Von einem *phrasal verb* sprechen wir, wenn das Verb fest mit einer Präposition (*at, into, to* usw.) oder einem kurzen Adverb (*away, off, up* usw.) verbunden ist.

Verb + Präposition / Adverb als feste Verbindung

When I **looked at** Clare, she **looked away**.	... ansah ... sah sie weg.
Where are the car keys? Peter**'s looking for** them.	... sucht sie.
Joe **looked after** the cat while we were away.	... kümmerte sich um ...
We had to **look up** a lot of words in the dictionary.	... nachschlagen.
I'm **looking forward to** our trip to Scotland.	... freue mich auf ...
Look out for snakes – this is just the place for them.	Gebt Acht auf ...

Viele Verben können mit unterschiedlichen Präpositionen oder Adverbien verbunden werden. Die Bedeutung ist dann jeweils eine ganz andere.
Weitere häufig gebrauchte *phrasal verbs* sind:

get in / on	einsteigen		*put in*	einsetzen
get off / out	aussteigen		*put off*	verschieben
get on with s. o.	mit jmd. zurechtkommen		*put on*	anziehen; aufsetzen
get over	hinwegkommen über		*put through*	verbinden (Telefon)
get up	aufstehen		*put up*	aufstellen, montieren
give away	verschenken, weggeben		*put up with*	sich abfinden mit
give in	nachgeben		*take along*	mitnehmen
give up	aufgeben		*take on*	übernehmen, auf sich
pick out	aussuchen, heraussuchen			nehmen
pick up	aufheben; sich aneignen;		*take off*	starten; ausziehen;
	abholen; kaufen (AE)			entfernen; frei nehmen
put down	hinlegen, abstellen		*take over*	übernehmen

✷ Wenn man *phrasal verbs*, die aus Verb und Adverb (*up, out, away, off* usw.) bestehen, zusammen mit einem Nomen als Objekt verwendet, so kann das Adverb vor oder nach diesem Objekt stehen.

	Subjekt	Verb	Adverb	Objekt
1.	He	**picked**	**up**	the bag.
2.	He	**picked**	the bag	**up.**
	Subjekt	Verb	Objekt	Adverb

It's difficult at first. But you'll soon pick it up.

Ist das Objekt jedoch ein Personalpronomen, so kann das Adverb **nur dahinter** stehen:

He	**picked**	it	**up.**
Subjekt	Verb	Objekt	Adverb

86 Verben mit zwei Objekten – Typ *give*
Verbs with two objects – type *give*

Die beiden Stellungsmöglichkeiten der Objekte			
1.	**Subjekt**	**Verb**	**Indirektes Objekt** (Person)	**Direktes Objekt** (Sache)
	We	didn't give	that waitress	a tip.
2.	**Subjekt**	**Verb**	**Direktes Objekt**	**Indirektes Objekt**
	We	didn't give	a tip	*to* that waitress.

Verben wie *give* haben zwei Objekte: ein direktes Objekt (meist eine Sachbezeichnung) und ein indirektes Objekt (meist eine Personenbezeichnung).
Diese Objekte können auf zwei unterschiedliche Weisen an das Verb angeschlossen werden:
1. Das indirekte Objekt steht ohne Präposition **vor** dem direkten Objekt.
2. Das indirekte Objekt steht mit der Präposition *to* **hinter** dem direkten Objekt.

Wie *give* werden vor allem folgende Verben verwendet:

bring ⇆	herbringen	*hand* ⎫	reichen	*promise*	versprechen	*send*	schicken
take	hinbringen	*pass* ⎬	anbieten	*lend*	(ver)leihen	*write*	schreiben
show	zeigen	*offer* ⎭		*sell*	verkaufen		

 Wenn das direkte Objekt das Pronomen *it* oder *them* ist, so steht das indirekte Objekt gewöhnlich mit *to* hinter diesem Pronomen.

What have you done with that magazine I lent you? –
I've given **it *to my sister.***
Can I see your photos of Wales? –
Of course. I'll show **them *to you*** now.

87   Verben mit zwei Objekten – Typ *explain*
Verbs with two objects – type *explain*

Indirektes Objekt (immer mit *to*) nach dem direkten Objekt			
Subjekt	**Verb**	**Direktes Objekt** (Sache)	**Indirektes Objekt** (Person)
The teacher	explained	the meaning of the poem	*to* the students.
Could you ***dictate*** **that sentence *to us*** again, please? I've lost my pencil-case. – What does it look like? Can you ***describe*** **it *to me*?**		Könnten Sie uns diesen Satz bitte nochmals diktieren? … Kannst du es mir beschreiben?	

Bei Verben wie *explain, dictate, describe* wird das indirekte Objekt immer mit *to* angeschlossen. Zu dieser Gruppe von Verben gehören auch:

announce (to)	ankündigen	*mention (to)*	erwähnen	*suggest (to)*	vorschlagen
deliver (to)	liefern	*report (to)*	berichten		
introduce (to)	vorstellen	*say (to)*	sagen		

! An das Verb *tell* wird das Personalpronomen direkt angeschlossen, an *say* wird es mit *to* angeschlossen:

He didn't   **tell *us***   anything.
He didn't   **say**   anything   **to *us***.

88   Verbale Ausdrücke für deutsche Adverbien
Verbal expressions for German adverbs

I   **like**   reading.   Ich   lese   **gern.**

In diesem Beispiel wird eine Vorliebe (für das Lesen) im Englischen durch das Verb *like*, im Deutschen dagegen durch das Adverb *gern* ausgedrückt.
Auch sonst benützt man im Englischen häufig ein Verb oder einen Ausdruck mit *be* + Adjektiv (z. B. *be likely*) anstelle eines deutschen Adverbs.

like / hate / prefer / love / enjoy* + *-ing*-Form für dt. *gern / ungern	
Kate **likes** sing**ing** Irish folk songs.	Kate singt **gern** irische Volkslieder.
I **hate** writ**ing** letters.	Ich schreibe **sehr ungern** Briefe.
I **prefer** ring**ing** my friends up.	Ich rufe meine Freunde **lieber** an.
Patrick **loves** mountain-climb**ing**.	Patrick klettert **sehr gern**.
He **enjoys** ski**ing** too.	Er fährt auch **gern** Ski.

I'm afraid / I hope / I suppose + *that*-Satz für dt. *leider / hoffentlich / vermutlich*

I'm afraid (that) I can't come with you on Saturday.	Ich kann am Samstag **leider** nicht mitkommen.
I hope you have a great time.	**Hoffentlich** habt ihr viel Spaß.
I suppose you'll be back quite late.	Ihr kommt **vermutlich** ziemlich spät zurück.

be sure to / be certain to / be likely to / seem to / appear to / happen to + Infinitiv für dt. *sicher(lich) / wahrscheinlich / anscheinend / zufällig*

We**'re sure to** win the match next Saturday.	Wir gewinnen das Spiel … **sicher**.
I think we**'re certain to** get into the next round.	… wir kommen **bestimmt** in die nächste Runde.
The weather **is likely to** stay fine.	Das Wetter bleibt **wahrscheinlich** schön.
Summer **seems to** have come at last.	Der Sommer ist **anscheinend** endlich gekommen.
There are a lot of cars outside the Browns'. They **appear to** have visitors.	Sie haben **anscheinend** Besuch.
I **happened to** meet some old friends at the party last night.	Ich traf … **zufällig** ein paar alte Freunde.

go on / keep (on) + -ing-Form für dt. *weiter(hin) / (an)dauernd*

She told the boys to come in for lunch, but they just **went on** play**ing** football.	… aber sie spielten einfach **weiter** Fußball.
No wonder you're always tired. You **keep** go**ing** to bed so late.	Du gehst **dauernd** so spät ins Bett.

We seem to have lost our way.

12 Der Infinitiv
The infinitive

89 Die Formen des Infinitivs
The forms of the infinitive

Der Infinitiv kann von allen Verben außer den modalen Hilfsverben (*can, must* usw.) gebildet werden. Er kann mit oder ohne *to* erscheinen.

Lucy *wants* **to join** the orchestra.	Der Infinitiv mit *to* steht nach vielen Vollverben (*want, seem* usw.).
Peter *can* **play** the piano. His parents *made* him **learn** the violin. Why don't they *let* Sally **take** singing lessons?	Der Infinitiv ohne *to* steht nach den meisten modalen Hilfsverben (vgl. **75.2**) und nach einigen anderen Verben wie *make* und *let* (vgl. **92**).
Your old guitar could **be repaired**, couldn't it? Judy's new saxophone has **to be sent** back to the makers.	Die Passivform des Infinitivs wird gebildet aus *(to) be + past participle*.

 Seltenere Formen:

I've just heard from the Jacksons. They seem **to be having** a great time in Colorado.

progressive form des Infinitivs: *(to) be + present participle*

The Whites' luggage has gone. They appear **to have left** already.

Perfektform des Infinitivs: *(to) have + past participle*

I've always wanted to be stuntman.

90 **Der Infinitiv nach Verben, die einen Wunsch oder eine Absicht ausdrücken**
The infinitive after verbs expressing a wish or an intention

want, expect, would like + Infinitiv	*want, expect, would like* + Objekt + Infinitiv
We **want to go** up into the mountains this weekend. Wir wollen dieses Wochenende in die Berge fahren. We **expect to leave** early on Monday morning. Wir erwarten, dass wir am Montag morgen früh wegfahren. Steve **would like to fly** to Canada next summer. Steve möchte nächsten Sommer nach Kanada fliegen.	We **wanted** *Daniel* **to come** with us, but he can't. Wir wollten, dass Daniel mitkommt, … We **expect** *the coach* **to leave** at six thirty. Wir erwarten, dass der Bus um 6.30 abfährt. **Would** you **like** *me* **to take** you to the airport? Möchtest du, dass ich dich zum Flughafen bringe?
Nach *want, expect, would like* kann der Infinitiv direkt angeschlossen werden, d. h. ohne dass etwas dazwischengeschoben wird.	Zwischen *want, expect, would like* und Infinitiv kann aber auch ein Objekt eingeschoben werden. Im Deutschen benützt man hier einen *dass*-Satz.

! Im Englischen kann nach *want* kein *that*-Satz stehen:

I want **you to come**.   Ich will, **dass du kommst**.

91 **Der Infinitiv nach Verben, die eine Aufforderung, einen Rat oder eine Warnung ausdrücken**
The infinitive after verbs expressing commands or requests, advice or warnings

tell, ask, advise, warn + Objekt + Infinitiv	
Isn't Dave here yet? I **told** *him* **to wait** for us outside the cinema.	Ich habe ihm gesagt, er solle vor dem Kino auf uns warten.
I **advise** *you* **to leave** the car here and go by Underground.	Ich rate euch, den Wagen hier zu lassen …
Where's Julia? Dad **asked** *her* **to be** back by eleven.	Papa hat sie gebeten, bis elf zurück zu sein.
I **warned** *the children* **to stand** well back when the train came in.	Ich ermahnte die Kinder, Abstand zu halten, …
The ticket collector **warned** *them* **not to open** the door while the train was still moving.	Der Schaffner warnte sie davor, die Tür zu öffnen …

Mit dieser Konstruktion werden in der indirekten Rede Aufforderungssätze wiedergegeben (vgl. **125**).

92 Der Infinitiv nach Verben, die Veranlassen oder Zulassen ausdrücken
The infinitive after verbs of causing or allowing

Das deutsche *lassen* + Infinitiv kann verschiedene Bedeutungen haben: „etwas veranlassen" oder „etwas zulassen". Im Englischen werden diese Bedeutungen durch unterschiedliche Verben ausgedrückt.

Veranlassen: *make* + Objekt + Infinitiv ohne *to*	Zulassen: *let* + Objekt + Infinitiv ohne *to*
Mrs Baker **made *the boys* fasten** their seat belts before she drove off. Mrs Baker ließ die Jungen sich anschnallen, … Speed limits are the only way to **make *people* drive** more slowly. … das einzige Mittel, die Leute dazu zu bewegen, langsamer zu fahren.	Sally easily gets car-sick. We'd better **let *her* sit** at the front. Wir lassen sie besser vorn sitzen. I'll collect you in Mum's car, if she **lets *me* have** it tonight. Ich hole dich in Muttis Wagen ab, wenn sie mir erlaubt, ihn heute abend zu nehmen.
Make bedeutet: „jemanden dazu bewegen oder zwingen, etwas zu tun"; „veranlassen, dass etwas geschieht". (Zu *have* + Objekt + *past participle* im Sinn von „etwas machen lassen" vgl. **107**.)	*Let* bedeutet: „jemandem erlauben, etwas zu tun"; „zulassen, dass etwas geschieht".

 Anstelle von *make* kann man auch *force* verwenden, anstelle von *let* kann auch *allow* benutzt werden. Bei diesen Verben wird der Infinitiv **mit** *to* angeschlossen.

You can't **force *me* to come** with you if I don't want to. John's parents **allow *him* to stay** up late every night.

Ihr könnt mich nicht zwingen, mitzukommen … … erlauben ihm, jeden Abend lange aufzubleiben.

You can't force me to come with you if I don't want to.

93 Der Infinitiv nach Verben der Wahrnehmung
The infinitive after verbs of perception

see, hear, feel, notice + Objekt + Infinitiv ohne *to*	
I **heard** *the doorbell* **ring**. It must be Anna.	Ich habe es klingeln hören.
Did you **see** *her* **come** to the front door?	Hast du sie zur Haustür kommen sehen?
Mrs Jones **noticed** *two boys* **come** into the shop.	Mrs Jones bemerkte, dass zwei Jungen in den Laden kamen.
She **saw** *them* **take** a packet of sweets and **run** off.	Sie sah, wie sie eine Packung Bonbons nahmen und wegliefen.

Im Deutschen verwendet man hier entweder wie im Englischen einen Infinitiv oder einen Nebensatz mit *dass* oder *wie*. (Zum Partizip nach Verben der Wahrnehmung vgl. **106**.)

> Could you tell me where to park the car?

94 Der Infinitiv nach Fragewörtern
The infinitive after question words

Fragewort +	Infinitiv	
where	**to park**	the car?
where	I can park	the car?
Indirekter Fragesatz		

Could you tell me

I don't know **what to do** this afternoon. Ich weiß nicht, was ich heute Nachmittag tun soll.	... what I should do this afternoon.
We had no idea **which** way **to go**. Wir hatten keine Ahnung, in welche Richtung wir gehen mussten.	... which way we had to go.
A policeman told them **how to get** back to the main road. Ein Polizist sagte ihnen, wie sie zur Hauptstraße zurückkommen konnten.	... how they could get back to the main road.
He wondered **whether to walk** to the beach or **to wait** for the bus. Er fragte sich, ob er zu Fuß zum Strand gehen oder auf den Bus warten sollte.	... whether he should walk to the beach or wait for the bus.

Ein Nebensatz mit Fragewort und *should, can, could, must* oder *have to* kann zu Fragewort + Infinitiv verkürzt werden. Der Infinitiv ist gebräuchlicher als der Nebensatz. Im Deutschen ist nur ein Nebensatz möglich.

95 Weitere Infinitivkonstruktionen
Further infinitive constructions

The Russian Yuri Gagarin was **the first** person **to go up into space**. (… the first person that went up into space.)
Australia was **the last** continent **to be discovered**. (… the last continent that was discovered.)
Europeans weren't **the only ones** to emigrate **to America**. (… the only ones who emigrated …)

Infinitivkonstruktionen können Relativsätze ersetzen, die durch *the first, the last* und *the only one* eingeleitet werden.

I always buy a magazine **to read** on the train. (… a magazine which I can read on the train)
"Frankenstein" isn't exactly the film **to watch** before you go to bed. (… the film which you should watch …)

Sie können auch Relativsätzen mit einem modalen Hilfsverb (*can, should* usw.) entsprechen.

We went up to the top of the tower **in order to get the best view**. (… so that we could get the best view.) … um den besten Blick zu bekommen.
James ran back to the coach **to get his camera**. (… so that he could get his camera.) … um seinen Fotoapparat zu holen.

Diese Konstruktionen drücken einen Zweck aus und entsprechen oft Nebensätzen mit *so that* (damit). Im Deutschen werden sie oft durch *um … zu* + Infinitiv wiedergegeben.

Computers **are** often **used to create the special effects in films**. Computer werden oft benutzt, um die Spezialeffekte in Filmen zu erzeugen.
Most household machines **are designed** to make life **easier**. Die meisten Haushaltsgeräte sind dazu bestimmt, das Leben zu erleichtern.

Der Infinitiv zum Ausdruck eines Zwecks erscheint auch nach *be used* und *be designed*.

It's important **for ships to have enough lifeboats**. Es ist wichtig, dass Schiffe genügend Rettungsboote haben.
Maybe Tom didn't notice the speed limit. It's unusual **for him** to drive so fast. Es ist ungewöhnlich, dass er so schnell fährt.

Diese Infinitivkonstruktionen werden durch *for* eingeleitet. Im Deutschen verwendet man stattdessen meist einen *dass*-Satz.

Uncle George stepped back in order to get the best view.

13 Das gerund
The gerund

96 Die Formen des *gerund*
The forms of the gerund

I really like **living** in New York.

At first, my sister and I were a little afraid of **being sent** to an American school.

Das *gerund* wird wie das *present participle* aus der Grundform des Verbs und der Endung *-ing* gebildet. Es wird deshalb auch *-ing*-Form genannt.
Die Passivform des *gerund* wird aus *being + past participle* gebildet.

 Gelegentlich wird auch die Perfektform des *gerund* verwendet:

Only a few were able to win a medal. But everybody felt proud of **having taken** part in the Games.

… Aber alle waren stolz darauf, an den Spielen teilgenommen zu haben.

97 Das *gerund* nach Verben ohne Präposition
The gerund after verbs without a preposition

like, enjoy, start, stop, (don't) mind usw. + *gerund*	
I **like walking** in the woods in all weathers.	Ich gehe gern bei jedem Wetter im Wald spazieren.
Everyone **enjoys sitting** by the fire when it's cold outside.	Jeder sitzt gern am Kamin, …
My brother lives nearer the office now, so he has **started cycling** to work.	…, deshalb hat er angefangen, mit dem Rad zur Arbeit zu fahren.
We've **stopped playing** tennis in the evenings now. It's simply too dark.	Wir spielen abends jetzt nicht mehr Tennis. (Wir haben damit aufgehört, abends Tennis zu spielen.)
I **don't mind going** to the cinema alone if you've got no time to come along.	Es macht mir nichts aus, allein ins Kino zu gehen, wenn du keine Zeit hast mitzukommen.
Mike **suggests having** the barbecue down on the beach.	Mike schlägt vor, dass wir die Grillparty unten am Strand machen.

Weitere Verben dieser Gruppe sind:
love, prefer, hate, dislike, can't stand (nicht ausstehen können)
begin, finish
avoid (vermeiden)
practise
mean (bedeuten)

✻Nach bestimmten Verben wie *stop* und *remember* können Infinitiv oder *gerund* stehen, jedoch mit unterschiedlicher Bedeutung:

Stop looking at me like that. What on earth have I done wrong? (Hör auf, mich so anzuschauen.)
I remember buying some stamps this morning. (Ich erinnere mich daran, dass ich heute Morgen Briefmarken gekauft habe.)

Let's **stop to look** at the things in this shop window. (Halten wir an, um … anzuschauen.)
Please **remember to buy** some stamps. (Denk bitte daran, Briefmarken zu kaufen.)

How about going by taxi?

98   Das *gerund* nach Ausdrücken wie *it's no use, it's no good, what about*
The gerund after expressions like *it's no use, it's no good, what about*

It's no use ringing the bell – there's nobody at home.	Es hat keinen Zweck zu klingeln, …
It's no good calling for Dad – he's gone to the office.	Es nützt nichts, nach Papa zu rufen …
Clare can't come tonight. – Well, **what about asking** Judy?	Wie wär's, wenn wir Judy fragen würden?
How about having a party this weekend?	Wie wär's mit einer Party am Wochenende?

✻Das *gerund* kann auch als Subjekt vor dem Verb und als Ergänzung nach dem Verb *be* stehen:

Swimming makes you hungry.
Jenny's latest hobby is **river-rafting**.

99 Das *gerund* nach Verb + Präposition
The gerund after verb + preposition

succeed in, dream of, look forward to usw. + *gerund*

In 1903, the Wright brothers **succeeded in flying** the first airplane.
It was Henry Ford who first **thought of using** the assembly line system in a car factory.
I've always **dreamed of exploring** the States in a motor home.
I'm sure the trip to Montana will be great. We're all **looking forward to going**.

1903 gelang es den Brüdern Wright, das erste Flugzeug zu fliegen.
Henry Ford kam als Erster auf die Idee, das Fließbandsystem in einer Autofabrik zu benutzen.

Ich habe schon immer davon geträumt, die Staaten mit einem Wohnmobil zu erforschen.
... Wir freuen uns alle darauf (hinzufahren).

Weitere Verben mit Präposition + *gerund:*

complain about	sich über etwas beschweren	*insist on*	auf etwas bestehen
worry about	sich wegen etwas Sorgen machen	*rely on*	sich auf etwas verlassen
talk about	von etwas reden		

100 Das *gerund* nach Adjektiv + Präposition
The gerund after adjective + preposition

be interested in, be good at, be afraid of usw. + *gerund*

Are you **interested in coming** to the match with me this afternoon?
My sister **is** really **good at swimming**.
Dan doesn't want to play in the tournament. – Maybe it's because he**'s afraid of losing**.

Hast du Lust, mit mir heute Nachmittag zu dem Spiel zu gehen?
Meine Schwester kann wirklich gut schwimmen.

... – Vielleicht weil er Angst hat, zu verlieren.

Diese Verbindungen aus *be* + Adjektiv erfüllen die gleiche Aufgabe wie Verben (vgl. *be interested in s.th. = like s.th.*).

Weitere solche Ausdrücke:

be keen on	auf etwas aus sein, etwas gern tun
be fond of	etwas gern tun
be tired of	einer Sache müde / überdrüssig sein
be bad at	etwas schlecht können
be scared of	Angst vor etwas haben
be proud of	stolz auf etwas sein
be ashamed of	sich für etwas schämen
be famous for	bekannt / berühmt für etwas sein

He's interested in reading detective stories.

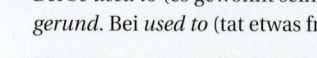

13 Das gerund

✱ Bei *be used to* (es gewohnt sein) ist *to* eine Präposition (wie bei *look forward to*, vgl. **99**). Es folgt das *gerund*. Bei *used to* (tat etwas früher, pflegte zu tun) ist *to* dagegen Teil des Infinitivs (vgl. **82**).

My parents **are used to hearing** our music.	Meine Eltern sind es gewohnt, unsere Musik zu hören.
My parents **used to listen** to pop music when they were young.	Meine Eltern hörten sich immer Popmusik an, …

101 Das *gerund* nach Nomen + Präposition
The gerund after noun + preposition

(be in) danger of, (have) difficulty in, (the) idea of usw. + *gerund*	
We are now in **danger of polluting** the whole planet.	Wir laufen jetzt Gefahr, den ganzen Planeten zu verschmutzen.
We will have **difficulty in solving** the problem of global warming.	Wir werden Schwierigkeiten haben, das Problem der globalen Erwärmung zu lösen.
I find the **idea of cloning** people very frightening indeed.	Ich finde die Idee, Menschen zu klonen, wirklich sehr beängstigend.

Weitere Nomen dieser Gruppe sind: *(a) chance of, (an) opportunity of, (a) way of.*

✱ Nach *way, chance, opportunity* ist auch der Infinitiv mit *to* möglich:

I write all my friends' birthdays in my diary. It's the best **way of remembering** them. / It's the best **way to remember** them.
Steve will be home for Christmas this year. So you'll have a **chance of meeting** him. / So you'll have a **chance to meet** him.

Maybe the idea of repairing it myself wasn't so good after all.

102 Das *gerund* nach den Präpositionen *instead of, by, without, for, after, before*

The gerund after the prepositions *instead of, by, without, for, after, before*

Peter has decided to look for a job **instead of staying** on at school.	…, anstatt auf der Schule zu bleiben.
He earned some money last summer **by working** for the Post Office.	…, indem er bei der Post arbeitete.
She made a bad impression at the interview. She just came in **without knocking.**	… Sie kam einfach herein, ohne anzuklopfen.
Make sure you've filled in the form correctly **before sending** it off.	Vergewissere dich, dass du das Formular richtig ausgefüllt hast, bevor du es abschickst.
After hearing so much about the hospital from her sister, Emma felt sure she would enjoy working there.	Nachdem sie von ihrer Schwester so viel über das Krankenhaus gehört hatte, war Emma sicher, dass ihr die Arbeit dort Spaß machen würde.
Remember to thank Mr Williams **for telling** you about the vacancy.	Denk daran, dich bei Mr Williams dafür zu bedanken, dass er dir von der freien Stelle erzählt hat.

Statt des *gerund* benützt man im Deutschen einen Infinitiv oder einen Nebensatz.

14 Das Partizip
Participles

103 Die Formen des Partizips
The forms of the participle

Man unterscheidet folgende Formen des Partizips:

We watched the workmen **painting** the new house. I noticed there were several men **working** on the roof.	1. Das *present participle* Es wird aus der Grundform des Verbs und der Endung *-ing* gebildet und wird deshalb auch *-ing*-Form genannt. (Zur Schreibung vgl. **49.1** .)
This is New Stonegate Bridge, **opened** by the Queen last year.	2. Das *past participle* Die regelmäßigen Formen werden aus der Grundform des Verbs und der Endung *-ed* gebildet. (Zu Schreibung und Aussprache vgl. **50.1** und **53.1**).
The village church, **built** in Norman times, is famous for its beautiful windows.	Zu den unregelmäßigen Formen vgl. **Anhang** **1** .)

104 Das Partizip als Adjektiv
Participles as adjectives

present participle	past participle
The fire brigade rescued the **sleeping** baby from the **burning** house. Die Feuerwehr rettete das **schlafende** Baby aus dem **brennenden** Haus. It's **surprising** how quickly a fire can develop. Es ist **überraschend**, wie schnell sich ein Feuer ausbreiten kann.	The thieves drove off in a **stolen** car. Die Diebe fuhren in einem **gestohlenen** Wagen davon. Everyone was very **surprised** to hear about the bank robbery in North Street. Alle waren **überrascht**, als sie von dem Banküberfall in der North Street hörten.

Present participle und *past participle* können wie Adjektive vor Nomen und nach dem Verb *be* verwendet werden. Das *present participle* entspricht einem Aktivsatz (*The baby was sleeping.*), das *past participle* entspricht einem Passivsatz (*The car was stolen.*).

We stood watching the sunset …

105 **Das Partizip nach Verben der Ruhe, des Kommens oder Gehens**
Participles after verbs describing rest or coming and going

Verben wie *stand, sit, lie, remain, come, go + present participle*	
We **stood watching** the sunset.	Wir **standen** da und **beobachteten** den Sonnenuntergang.
They **sat waiting** on the station platform together.	Sie **saßen** zusammen auf dem Bahnsteig und warteten.
He **remained sitting** there long after the train had left.	Er **blieb** noch lange dort **sitzen**, nachdem der Zug abgefahren war.
When I was at the bus stop yesterday, a big dog **came running** up to me.	Als ich gestern an der Bushaltestelle war, **kam** ein großer Hund auf mich zu**gelaufen**.

Diese Sätze beschreiben zwei gleichzeitig ablaufende Handlungen. Im Deutschen drückt man dies meist durch zwei Verben aus, die durch das Wort *und* verbunden sind, manchmal auch durch eine Infinitiv- oder Partizipialkonstruktion *(sitzen bleiben, gelaufen kommen)*.

 Die meisten dieser Verben können auch mit dem *past participle* verbunden werden:

I couldn't believe my eyes when
I came in. All the plates **lay broken**   … Alle Teller **lagen zerbrochen** auf
on the kitchen floor.   dem Küchenfußboden.

Some of the neighbours watched us moving in.

106   Das Partizip nach Verben der Wahrnehmung
Participles after verbs of perception

see, hear, feel, notice, watch + Objekt + *present participle*	
Some of the neighbours **watched *us* moving** in. I **saw *the boys* playing** football in the street. I **heard *Susan* talking** on the phone. Later I **noticed *her* getting** ready to go out.	Einige Nachbarn schauten zu, wie wir einzogen. Ich sah, wie die Jungen auf der Straße Fußball spielten. Ich hörte Susan telefonieren. Später bemerkte ich, wie sie sich zum Ausgehen fertig machte.

Im Deutschen benutzt man anstelle des Partizips meist einen Nebensatz mit *wie*, manchmal auch einen Infinitiv. Nach diesen Verben kann auch im Englischen ein Infinitiv stehen (vgl. **93**).

107   Das *past participle* nach *have* in der Bedeutung „veranlassen"
Participles after *have* meaning "to cause"

have / get + Objekt + *past participle*	
We **have *the heating* checked** every year. We can't do that job ourselves. Your jacket looks good. – Yes, I **had *it* cleaned** last week. My watch doesn't work properly any more. – Well, why don't you **get *it* repaired**?	Wir **lassen** die Heizung jedes Jahr **überprüfen**. …, ich habe sie letzte Woche **reinigen lassen**. … – Warum **lässt** du sie nicht **reparieren**?

Solche Sätze drücken aus, dass jemand etwas von anderen machen lässt.

Die Konstruktion *have* + Objekt + *past participle* darf nicht mit dem *present perfect* verwechselt werden. Beachte die unterschiedliche Stellung des Objekts.

	Objekt	
She usually **has**	**her hair**	**cut**

She usually **has** **her hair** **cut** at the hairdresser's. Sie **lässt** sich die Haare gewöhnlich beim Friseur **schneiden**.

She **has cut** **her hair** herself this time. Sie **hat** sich diesmal die Haare selbst **geschnitten**.

108 Das Partizip statt eines Nebensatzes
Participles instead of subordinate clauses

The girl	who	is	*standing* *standing*	next to the Queen next to the Queen	must be one of her grandchildren.
The crowns	which	are	*worn* *worn*	by the Royal family on state occasions by the Royal family on state occasions	are on show in the Tower of London.

Partizipialkonstruktionen können auch die Bedeutung von Relativsätzen haben. Partizipialkonstruktionen mit dem *present participle* entsprechen Relativsätzen im Aktiv, Konstruktionen mit dem *past participle* entsprechen Relativsätzen im Passiv.

Getting off the bus on his way home,
When he got off the bus on his way home,
Als er auf dem Heimweg aus dem Bus stieg,
he suddenly saw her on the other side of the street.
…

Warned about the high prices in the city centre,
As they had been warned about the high prices …,
Da sie vor hohen Preisen … gewarnt worden waren,
the Jacksons were looking for a flat further out of town.
…

Partizipialkonstruktionen können auch Nebensätzen entsprechen, die durch die Konjunktionen *when* oder *as* eingeleitet werden.

15 Haupt- und Nebensätze
Main clauses and subordinate clauses

109 Verknüpfung von Sätzen
Linking of sentences

1. Satzreihen und Satzgefüge

Satzreihe
We saw the fire in the warehouse, **and** John called the fire brigade. The firemen were there within minutes, **but** it was too late to save the building.

Satzgefüge
When **we saw the fire in the warehouse**, John called the fire brigade. It was too late to save the building, *although* **the firemen were there within minutes.** The fire *which* **broke out in a Baker Street warehouse last night** was first noticed by two boys.

Eine Folge von Hauptsätzen nennt man eine **Satzreihe.**
Die Hauptsätze werden oft durch Konjunktionen wie *and, but, or* miteinander verbunden.

Wenn man Hauptsätze mit Nebensätzen verknüpft, spricht man von einem **Satzgefüge.**
Meist werden Nebensätze mit Hilfe von Konjunktionen *(when, although)* oder Relativpronomen *(which, who)* an Hauptsätze angeschlossen. Der Nebensatz kann dem Hauptsatz vorausgehen, er kann ihm folgen oder er kann in den Hauptsatz eingeschlossen sein.

! Die Satzstellung ist im Englischen, anders als im Deutschen, im Nebensatz wie im Hauptsatz immer Subjekt – Verb – Objekt.

	Nebensatz			Hauptsatz		
	Subjekt	**Verb**	**Objekt**	**Subjekt**	**Verb**	**Objekt**
As soon as	she	sees	something,	she	buys	it.
Sobald	sie	etwas	sieht,	kauft	sie	es.

2. Verknüpfung von Hauptsätzen durch Konjunktionen und Adverbien

Hauptsätze kann man nicht nur durch Konjunktionen wie *and, or, but* miteinander verknüpfen (vgl. `109.1`).

For centuries York was one of the most important cities in the North; **yet** it never became a centre for industry. We've lived in the city centre for ten years now, **so** we're used to the noise of traffic. Repairs to the Minster have already cost millions of pounds; **however**, a lot of work still has to be done.	Die gleiche Aufgabe erfüllen verknüpfende Adverbien wie *yet* (doch, dennoch, trotzdem), *so* (deshalb, daher), *however* (jedoch).

`110`   Nebensätze mit Konjunktionen
Subordinate clauses with conjunctions

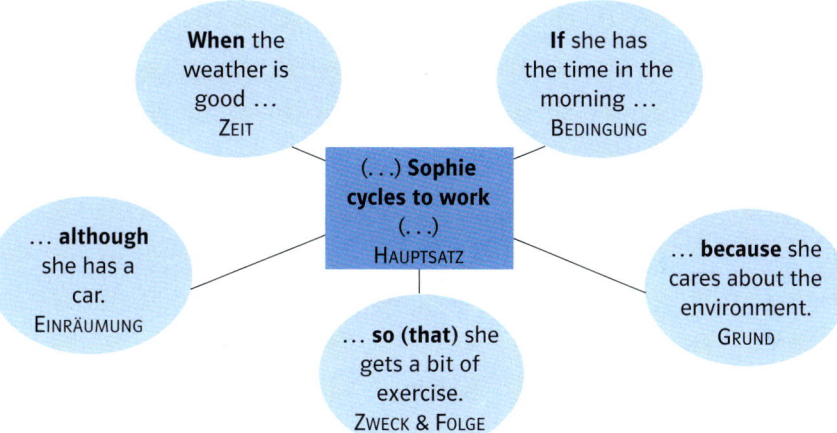

Nebensätze mit Konjunktionen lassen sich nach ihrer Bedeutung in verschiedene Gruppen einteilen.

Nebensätze der Zeit: *while* (während), *after* (nachdem), *since* (seit) usw.	
Grandma often falls asleep *while* **she's watching TV.** *After* **our friends had left,** we switched on the late night news. Have you read any books *since* **the holidays started?**	..., während sie fernsieht. Nachdem unsere Freunde gegangen waren, ..., seit die Ferien begonnen haben?

Weitere häufige Konjunktionen:

as soon as	sobald	when	als, wenn
before	bevor	whenever	immer wenn,
until	bis		wann auch immer

Nebensätze des Grundes: *because* (weil), *as* (da)

My parents listen to the radio a lot **because they're both keen on music.**	..., weil sie beide gern Musik hören.
As we couldn't get tickets for the concert, we decided to go to the cinema.	Da wir keine Konzertkarten bekommen konnten, ...

Nebensätze der Bedingung und des Vergleichs: *if* (wenn, falls), *as if* (als ob)

I'll throw these magazines away **if you don't want them any more.**	..., wenn du sie nicht mehr willst.
The dog sat in front of the TV screen **as if it was watching the programme.**	..., als ob er die Sendung anschauen würde.

Zum Zeitengebrauch in Bedingungssätzen mit *if* vgl. **65** .
In Nebensätzen mit *as if* benützt man das *past tense* oder *past perfect*. Sie entsprechen hier deutschen Konjunktivformen (*würde ...*, *hätte ...* – vgl. **65.2–3**).

Nebensätze der Einräumung: *although / though* (obwohl)

Although my sister works at the library, she doesn't read many books herself.	Obwohl meine Schwester in der Bücherei arbeitet, ...
We still take two Sunday papers, **though we never find time to read them properly**.	..., obwohl wir nie Zeit haben, sie richtig zu lesen.

Nebensätze des Zwecks und der Folge: *so that* (damit), *so / such ... that* (so / solch... dass)

Let's leave for the show in good time **so (that) we get good seats.**	..., damit wir gute Plätze bekommen.
I've got **so** many CDs **that I don't know where to put them all**.	Ich habe so viele CDs, dass ich nicht weiß, wo ich sie alle hintun soll.
The fans made **such** a noise **that we couldn't hear the music properly**.	Die Fans machten einen solchen Lärm, dass wir die Musik nicht richtig hören konnten.

✱ Weniger häufig sind Nebensätze des Orts und der Richtung. Sie werden mit *where* ([dort] wo, wohin) und *wherever* (wo / wohin auch immer) eingeleitet.

Some of the scenes in "Rebecca" were filmed **where we used to live.**	Einige der Szenen ... wurden dort gedreht, wo wir früher wohnten.
John takes his camera with him **wherever he goes**.	..., wohin er auch geht.

She takes her dog with her wherever she goes.

111 Relativsätze mit *who, which* und *that*
Relative clauses with *who, which* and *that*

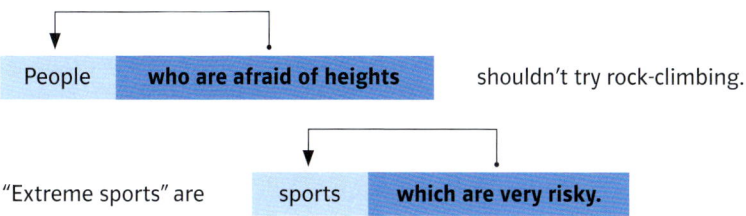

| People | who are afraid of heights | shouldn't try rock-climbing. |

| "Extreme sports" are | sports | which are very risky. |

Die meisten Relativsätze bestimmen ihr Bezugswort (hier: *people, sports*): Sie legen fest, wer oder was gemeint ist. Ohne diese Relativsätze wäre der Sinn des übergeordneten Hauptsatzes unklar.

Für Personen: *who / that*	**Für Dinge:** *which / that*
I'm crazy about a guy ***who / that*** only thinks about football. My friend only seems to like girls ***who / that*** are a lot older than him.	I've got a problem ***which / that*** seems impossible to solve. My girlfriend talks a lot about things ***which / that*** don't interest me at all.

Who bezieht sich nur auf Personen, *which* bezieht sich nur auf Dinge.
That kann sich auf Personen oder Dinge beziehen.
Who, which und *that* können für Bezugswörter im Singular oder Plural verwendet werden.

112 Relativsätze ohne Relativpronomen
Contact clauses

	Subjekt	
Look, that's the girl	who / that	was on the beach yesterday.

	who / that	*we*	saw on the beach yesterday.
Look, that's the girl	**Objekt**	Subjekt	

Relativpronomen können im Relativsatz Subjekt oder Objekt sein.

We've got a card from the Irish girl	**we met on holiday.**	… von dem irischen Mädchen,
Statt:	that / who we met on holiday.	das wir im Urlaub kennen lernten.
Is that the pullover	**you bought in Dublin last summer?**	… der Pullover, den du letzten
Statt:	that / which you bought in Dublin last summer?	Sommer in Dublin gekauft hast?

Wenn das Relativpronomen Objekt des Relativsatzes ist, wird es häufig weggelassen. Relativsätze ohne Relativpronomen nennt man *contact clauses*, da sie direkt an das Bezugswort (hier: *the Irish girl, the pullover*) angehängt werden. Man verwendet *contact clauses* vor allem für kurze Relativsätze in der Umgangssprache.

 Neben *who* kann im Objektfall mit Bezug auf Personen auch *whom* verwendet werden. *Whom* wird fast nur in der Schriftsprache gebraucht und klingt sehr förmlich.

The terrorists **whom the police arrested last night** had planned the bomb attack in the city centre.

113   Präpositionen in Relativsätzen
Prepositions in relative clauses

This is the family	*that*	I stayed	*with*	last year.	Dies ist die Familie, bei
	who	I stayed	*with*	last year.	der ich letztes Jahr
	–	I stayed	*with*	last year.	wohnte.
I still remember the house	*that*	I lived	*in*	as a child.	Ich erinnere mich noch
	which	I lived	*in*	as a child.	an das Haus, in dem
	–	I lived	*in*	as a child.	ich als Kind wohnte.

In Relativsätzen steht die Präposition meist hinter dem Verb. Sie *muss* dahinter stehen, wenn das Relativpronomen *that* oder *who* ist oder wenn es entfällt *(contact clause).* In Relativsätzen mit *which* (und dem sehr förmlichen *whom*) steht die Präposition gelegentlich auch vor dem Relativpronomen:
We are all greatly influenced by the people **with whom** *we spend our earliest years.*
People usually work hardest for the subjects **in which** *they are especially interested.*

 Wenn das Bezugswort Ort oder Zeit angibt (z. B. *house, time*), kann der Relativsatz auch durch *where* bzw. *when* eingeleitet werden:

We visited **the house where** (in which) **Shakespeare was born.**
The guide told us a few details about **the time when** (at which) **he lived.**

114 Nichtnotwendige Relativsätze
Non-defining relative clauses

Die meisten Relativsätze sind „notwendig", weil sie für das Verständnis des Satzes unentbehrlich sind. Daneben gibt es Relativsätze, die nur zusätzliche oder ausschmückende Erläuterungen enthalten. Solche Relativsätze nennt man „nichtnotwendige Relativsätze".

	Nichtnotwendiger Relativsatz	
Captain Cook,	*who* was born in Yorkshire,	was one of the world's most famous explorers.
Cooktown,	*which* was named after him,	is on the east coast of Australia.

Nichtnotwendige Relativsätze werden durch Kommas vom Hauptsatz abgetrennt.
Für Personen verwendet man das Relativpronomen *who*, für Dinge *which*.

 1 Ist das Relativpronomen Objekt des Relativsatzes, so erscheint in Bezug auf Personen im förmlichen Stil auch *whom*:

The white settlers in America soon made life hard for the Indians,
whom they did not accept as equals.

 2 Es gibt auch Relativsätze mit *which*, die sich auf den ganzen Satz beziehen. Im Deutschen lautet hier das Relativpronomen *was*. Im Englischen ist *what* aber **nicht** möglich.

Our tour didn't include the Grand Canyon,
which was a bit disappointing.   ..., was etwas enttäuschend war.

115 Relativsätze mit *whose*
Relative clauses with *whose*

I was talking to a boy **whose uncle lives in Dublin**.	..., dessen Onkel in Dublin wohnt.
Ireland is one of the few European countries **whose roads are still relatively quiet**.	..., dessen Straßen noch ziemlich verkehrsarm sind.

Relativsätze können auch durch *whose* + Nomen eingeleitet werden. *Whose* drückt Besitz oder Zugehörigkeit aus. Es kann sich auf Personen und Dinge beziehen.

116 Der Aussagesatz und seine Verneinung
Positive and negative statements

Die Wortstellung im Aussagesatz			
	Subjekt	**Verb**	**restlicher Satz**
	My aunt	speaks	five languages.
	I	have translated	that text now.

Die normale Wortstellung im Aussagesatz ist: *Subjekt – Verb – restlicher Satz*.
Dies gilt auch für zusammengesetzte Zeitformen (z. B. *have translated*).

Adverbiale Bestimmung / Nebensatz	**Subjekt**	**Verb**	**restlicher Satz**
Last autumn	we	went	to Paris for a week.
When we get back from Italy,	the holidays	will be	nearly over.

Das Satzmuster *Subjekt – Verb – restlicher Satz* bleibt im Englischen immer erhalten.

! Vgl. die unterschiedliche Wortstellung im Englischen und im Deutschen:

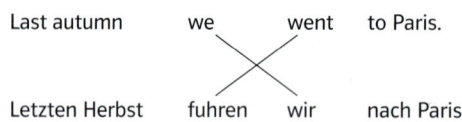

Last autumn   we   went   to Paris.

Letzten Herbst   fuhren   wir   nach Paris.

Die Verneinung des Aussagesatzes			
Subjekt	**Hilfsverb + *n't***	**Vollverb**	**restlicher Satz**
I	**can't**	**understand**	this poem.
I	**haven't**	**finished**	my homework yet.
We	**don't**	**learn**	Spanish at our school.
John	**doesn't**	**like**	going to the cinema much.
He	**didn't**	**want**	to go to "Romeo and Juliet" with us.

Ein Aussagesatz wird gewöhnlich verneint, indem man *n't* an das Hilfsverb anhängt. Wenn der Satz kein Hilfsverb enthält (vgl.: *We learn Spanish at our school*), muss eine verneinte Form von *do* verwendet werden (*don't, doesn't, didn't*).
Im förmlichen Stil wird die Langform „Hilfsverb + *not*" verwendet:
*Prices are for bed and breakfast only. They **do not** include an evening meal.*

! Im Gegensatz zum Deutschen *nicht* kann das englische *not* nicht hinter dem Vollverb stehen. Es muss immer an ein Hilfsverb angefügt werden:

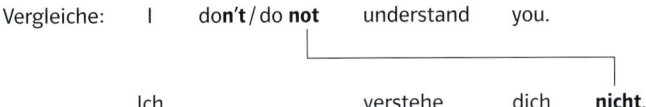

Vergleiche: I   do**n't** / do **not**   understand   you.

            Ich   verstehe   dich   **nicht**.

17 Aufforderungssätze
Imperative sentences

Bejahte Aufforderungssätze
Come in.
Komm (Kommt / Kommen Sie) herein!
Sit down, please.
Have a cup of tea.
Be careful, you two.
Watch out! There's a car coming.
Stop barking, Rover. Hör auf zu bellen …

Bejahte Aufforderungssätze werden mit der Imperativform des Verbs gebildet. Diese entspricht der Infinitivform. Sie lautet im Singular und im Plural gleich.
Wie im Deutschen drückt der Imperativ eine Bitte, eine Einladung, eine Warnung oder einen Befehl aus.

! Nach Aufforderungssätzen steht im Englischen normalerweise ein Punkt. Nur bei erregten Ausrufen steht ein Ausrufezeichen (vgl. *Watch out!*).

Verneinte Aufforderungssätze

Don't be silly.
Don't forget to phone Mark.
Please **do not walk** on the grass.

Verneinte Aufforderungssätze werden mit *don't* (förmlich: *do not*) + Infinitiv gebildet.

Aufforderungssätze mit *let's*

Let's have our picnic here.
Machen wir unser Picknick hier.
Oh no, **let's not stop** now, **let's go** on a bit further. Nein, halten wir lieber jetzt noch nicht, fahren wir noch ein bisschen weiter.

Aufforderungssätze, in die man sich selbst mit einbezieht, werden mit *let's / let's not* + Infinitiv gebildet.

118 Entscheidungsfragen (*Ja/nein*-Fragen)
Yes/no questions

Das Hilfsverb in Entscheidungsfragen			
Hilfsverb	**Subjekt**	**Vollverb**	**restlicher Satz**
Is	it	**raining?**	
Shall	we	**go**	for a walk?
Would	you	**like**	to come with me?
Do	you	**understand**	this sentence?
Does	Jackie	**speak**	French?
Did	I	**pronounce**	your name wrong?

Entscheidungsfragen werden immer durch ein Hilfsverb eingeleitet.

Wenn der entsprechende Aussagesatz kein Hilfsverb enthält (vgl.: *I understand this sentence*), so muss der Fragesatz durch *do, does* oder *did* eingeleitet werden.

! Im Gegensatz zum Deutschen kann die Entscheidungsfrage im Englischen nicht allein mit dem Vollverb gebildet werden. Sie muss immer ein Hilfsverb oder eine *do*-Form enthalten.

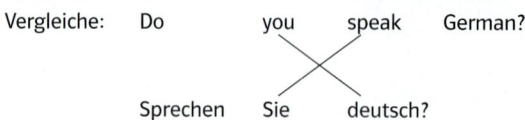

Verneinte Entscheidungsfragen			
Hilfsv. + n't	Subjekt	Vollverb	restl. Satz
Can't	you	**open**	that bottle?
Doesn't	Ben	**like**	orange juice?
Didn't	the milkman	**come**	this morning?

Verneinte Entscheidungsfragen werden gebildet, indem man *n't* an das vorangestellte Hilfsverb anhängt.

! Bei Fragen mit *does* ist die *s*-Endung bereits in der Form *does* enthalten. Bei Fragen mit *did* ist das *past tense* bereits in der Form *did* enthalten. Bei allen Fragen mit einer *do*-Form steht das Vollverb deshalb im Infinitiv:

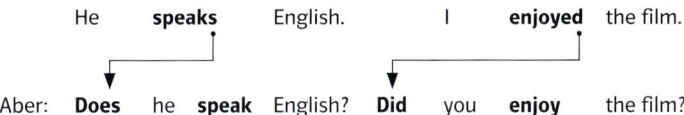

	He	**speaks**	English.		I	**enjoyed**	the film.
Aber:	**Does**	he **speak**	English?	**Did**	you	**enjoy**	the film?

119 Kurzantworten
Short answers

Im Deutschen lautet die Antwort auf Entscheidungsfragen meist nur „ja" oder „nein".
Im Englischen wird *yes* oder *no* häufig durch einen Kurzsatz ergänzt.

Hilfsv.	Subjekt	Vollverb	restlicher Satz			
Have	you	got	a good map of London?	– Yes, – No,	I I	**have.** **haven't.**
Can	you	remember	the name of that shop?	– Yes, – No,	I I	**can.** **can't.**
Will	the museum	be	open tomorrow?	– Yes, – No,	it it	**will.** **won't.**
Do	the Jacksons	live	in Wimbledon?	– Yes, – No,	they they	**do.** **don't.**
Does	Mr Jackson	work	in the City?	– Yes, – No,	he he	**does.** **doesn't.**
Did	you	miss	your train yesterday?	– Yes, – No,	I I	**did.** **didn't.**

Die Kurzantwort greift das Hilfsverb der vorangehenden Frage wieder auf.
Das Subjekt der Frage erscheint in der Kurzantwort als Personalpronomen.

120 Fragen mit Fragewort
Questions with question words

Viele Fragen werden durch ein Fragewort eingeleitet. Dieses kann allein stehen (*Who …? Why …?* usw.) oder mit einem Nomen oder einer *of*-phrase verbunden sein (*What countries …? Which of them …?* usw.).

Fragewort ist Subjekt des Fragesatzes		
Subjekt	**Verb**	**restlicher Satz**
Who	**discovered**	Australia?
What	**caused**	the end of the British Empire?
What countries	**belong to**	the Commonwealth?
Which of them	**will take part**	in the Commonwealth Games next year?

Fragesätze, in denen das Fragewort *(who, what)* Subjekt ist oder zum Subjekt gehört, haben dieselbe Wortstellung wie Aussagesätze (vgl. **116**), es wird also keine *do*-Form benutzt.

* Fragen mit *which* beziehen sich auf eine eingeschränkte Auswahl, Fragen mit *what* + Nomen dagegen auf eine uneingeschränkte Zahl.

Shall we watch the thriller or the western? **Which** sounds more exciting?

What films are on this week?

Vor einer *of-phrase* kann man nur *which* verwenden, niemals *what* oder *who*:

Which of these apples are best for cooking?
Which of you made this super cake?

Fragewort ist nicht Subjekt des Fragesatzes				
Fragewort	**Hilfsverb**	**Subjekt**	**Vollverb**	**restlicher Satz**
Where	**shall**	we	**go**	tonight?
How	**are**	we	**getting**	back?
What	**have**	you	**packed**	for the weekend?
When	**do**	you	**want**	to leave?
Why	**doesn't**	Tom	**take**	you home?
Who	**did**	you	**talk to**	on the phone?

Fragesätze, in denen das Fragewort nicht Subjekt ist, haben dieselbe Wortstellung wie Entscheidungsfragen.

Wenn kein anderes Hilfsverb vorhanden ist (vgl.: *I want to leave now*), wird mit dem Hilfsverb *do* umschrieben.

121 Bestätigungsfragen
Question tags

Wenn man Zustimmung zu einer Aussage oder eine Bestätigung erwartet, benutzt man im Deutschen Ausdrücke wie *nicht wahr?, oder?, oder nicht?*.
Im Englischen hängt man ein *question tag* an den Aussagesatz an.

Subjekt	Hilfsverb			Hilfsverb	Subjekt
	+			–	
Dad	is	working,		isn't	he?
Gill	will	be	here soon,	won't	she?
You	have	got	time now,	haven't	you?
The Smiths		live	here,	don't	they?
You		met	Sarah once,	didn't	you?

Die Bestätigungsfrage greift das Hilfsverb und das Subjekt des vorangehenden Satzes wieder auf, wobei das Subjekt als Personalpronomen erscheint.
Enthält der vorangehende Satz kein Hilfsverb, so verwendet man in der Bestätigungsfrage eine Form von *do*.
Ist der vorangehende Satz bejaht, so ist die Bestätigungsfrage verneint.

				–	+	
He	isn't	using	the phone,		is	he?
You	won't	be	late,		will	you?
You	haven't	got	a key,		have	you?
Ian	doesn't	go	to your school,		does	he?
You	didn't	meet	her sister,		did	you?

Ist der vorangehende Satz verneint, so ist die Bestätigungsfrage bejaht.

It's a lovely day, isn't it?

17 Die indirekte Rede
Reported speech *(Indirect speech)*

122 Die wichtigsten Merkmale der indirekten Rede
The main characteristics of reported speech

Wenn man berichten will, was jemand sagt oder gesagt hat, so benützt man gewöhnlich die indirekte Rede. Dabei verwendet man meist einen Einleitungssatz mit *say, tell* usw. und einen *that*-Satz.

Sorry, **I can't come** *to the party.* **I've broken my** *leg.*

Brian **said he couldn't come** *to the party. He* **said he'd broken his** *leg.*

Beachte:

– Vor dem *that*-Satz steht kein Komma.

– Das *that* wird oft weggelassen: *He said (that) he had broken his leg.*

– Personalpronomen und Possessivbegleiter werden dem Standpunkt des Berichterstatters angepasst (*I → he / she, my → his / her* usw.).

– Steht der Einleitungssatz im *past tense* (z. B. *he said*), so werden die Zeitformen in der indirekten Rede zurückverschoben (*can't come → couldn't come* usw.; vgl. 123).

! Auf *say* **kann** ein indirektes Objekt (Personenobjekt) folgen. Es muss dann **mit** *to* angeschlossen werden. Auf *tell* **muss** ein indirektes Objekt (Personenobjekt) folgen. Es wird **ohne** *to* angeschlossen:

| She **said (to me)** | that she would be back late. | Sie **sagte (zu mir)** ... |
| She **told me** | that she would be back late. | Sie **sagte (zu) mir** ... |

* Steht der Einleitungssatz der indirekten Rede im *present tense* (z. B. *he says*), so werden die Zeitformen nicht zurückverschoben, sondern es werden dieselben Zeitformen benützt wie in der ursprünglichen Äußerung (der direkten Rede):

Brian *says* he **can't come** to the party. He *says* he **has broken** his leg.

123 # Die Rückverschiebung der Zeitformen in der indirekten Rede
The backshift of tenses in reported speech

Steht der Einleitungssatz der indirekten Rede im *past tense* (z. B. *he said, she told me* usw.), so werden die Zeitformen gegenüber der direkten Rede wie folgt verschoben:

Direkte Rede	Indirekte Rede (Einleitungssatz im *past tense*)
present tense	→ *past tense*
Schoolgirl Debra Adams: "**I'm** in the school tennis team. I **love** sports! But I'**m working** for exams at the moment, so I **don't have** much time for tennis."	Debra *said* that she **was** in the school tennis team. She *said* she **loved** sports. But she *told* me that she **was working** for exams at the moment. She *said* she **didn't have** much time for tennis.
present perfect	→ *past perfect*
"I'**ve been** at Burnside School for five years. My boyfriend **has** already **left** school."	She *said* she **had been** at Burnside School for five years. She *told* me that her boyfriend **had** already **left** school.
past tense	→ *past perfect*
"He **started** work as soon as he **left**. He **didn't** even **have** a summer holiday!"	She *explained* that he **had started** work as soon as he **had left**. She *said* he **hadn't** even **had** a summer holiday.
will-future	→ *conditional*
"I'**ll** probably **leave** school at the end of the year. But I **won't give up** tennis!"	She *told* me that she **would** probably **leave** school at the end of the year. But she *said* she **wouldn't give up** tennis.
can, may	→ *could, might*
"I hope I **can** get a job at a bank, or at the post office. But finding work **may** be a bit of a problem."	She *said* she hoped she **could** get a job at a bank or at the post office. But she *thought* that finding work **might** be a bit of a problem.

 1 *Past perfect* und *conditional* können nicht zurückverschoben werden und werden daher in der indirekten Rede beibehalten. Auch *might* und *could* im Sinn von *könnte* werden nicht verschoben.

"I **hadn't expected** to get the job."	She said she **hadn't expected** to get the job.
"I **would like** to be a film director some day."	He said he **would like** to be a film director some day.

 2 Das *simple present* wird in der indirekten Rede beibehalten, wenn betont werden soll, dass etwas immer gilt, z. B. eine Gewohnheit, eine Eigenschaft oder ein Naturgesetz.

"School in Germany **starts** at 8 o'clock or earlier."	Markus told me that school in Germany **starts** at 8 o'clock or earlier.
"Where I **come** from, the sun **doesn't set** in the summer at all."	Brit told us that where she **comes** from, the sun **doesn't set** in the summer at all.

124   Fragesätze in der indirekten Rede
Questions in reported speech

Direkte Rede: Entscheidungsfrage		Indirekte Rede
"**Do** you **speak** Spanish?"	→	Manuel asked me *if/whether* I **spoke** Spanish.
"**Did both** your parents **live** in Mexico?"	→	I wanted to know *if/whether* both his parents **had lived** in Mexico.
"**Can** your grandmother **understand** any English?"	→	I asked him *if/whether* his grandmother **could understand** any English.

Steht in der indirekten Rede kein Fragewort („Entscheidungsfrage" oder „*Ja/nein*-Frage"), so wird die indirekte Rede durch *if* oder *whether* eingeleitet. (Zu Entscheidungsfragen vgl. 118 .)

Direkte Rede: Fragewortfrage		Indirekte Rede
"**What** do you **think** of my new anorak?"	→	Steve asked me *what* I **thought** of his new anorak.
"**Where** did you **buy** it?"	→	I asked him *where* he **had bought** it.
"**When** are you going to get a haircut?"	→	My father asked me *when* I **was** going to get a haircut.

Enthält der Fragesatz der direkten Rede ein Fragewort (*what, where, why, when, how* usw.), so wird dieses in der indirekten Rede beibehalten. (Zu Fragen mit Fragewörtern vgl. 120).

! In direkten Fragesätzen ist die Wortstellung *Hilfsverb – Subjekt – Vollverb* (vgl. 118 und 120). In indirekten Fragesätzen ist die Wortstellung dagegen wie im Aussagesatz *Subjekt – (Hilfsverb –) Vollverb.* Vergleiche:

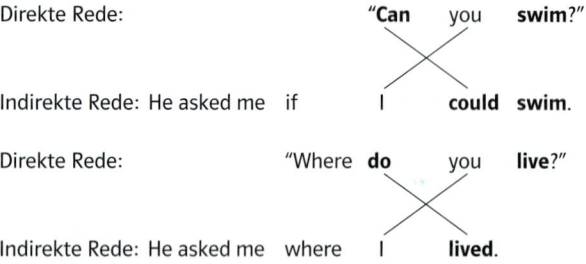

Direkte Rede: "**Can**   you   **swim**?"

Indirekte Rede: He asked me   if   I   **could   swim**.

Direkte Rede: "Where **do**   you   **live**?"

Indirekte Rede: He asked me   where   I   **lived**.

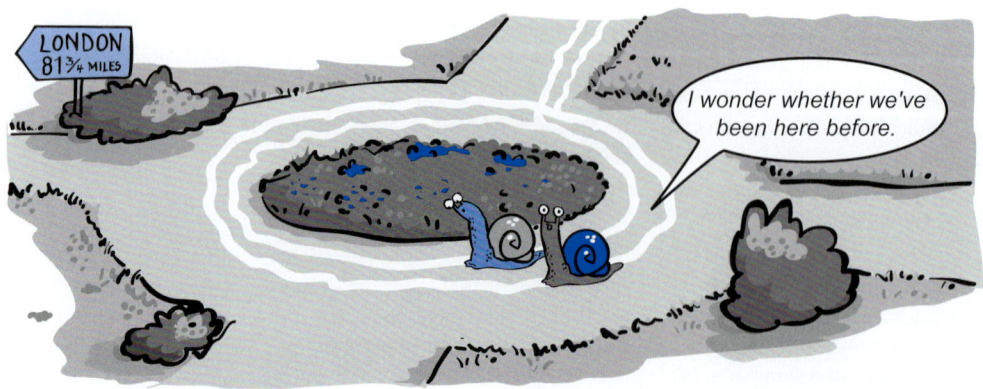

I wonder whether we've been here before.

125 **Aufforderungssätze in der indirekten Rede**
Commands in reported speech

Direkte Rede	Indirekte Rede
"**Look** in the mirror before giving a signal." →	My driving instructor told me **to look** in the mirror before giving a signal.
"**Don't brake** too suddenly." →	He told me **not to brake** too suddenly.
"**Drive** extra carefully near schools." →	He also advised me **to drive** extra carefully near schools.

Aufforderungssätze werden in der indirekten Rede meist durch einen Infinitiv mit *to* wiedergegeben (vgl. **91**). Bei verneinten Aufforderungssätzen wird *not* + Infinitiv benutzt (vgl. Beispiel 2).
Seltener werden Aufforderungssätze durch einen *that*-Satz mit *should* wiedergegeben:
He said that I **should drive** *extra carefully near schools.*

I told you not to leave the window open!

126 **Einleitungsverben für die indirekte Rede**
Introductory verbs for reported speech

Die indirekte Rede wird normalerweise durch einen kurzen Satz wie *he said* eingeleitet.

Lotta **told** me that she had come to the UK first as an au pair.
Her father **said** that she should apply for a job in London.
I **asked** Vanessa whether she was homesick for Spain.
She **replied** that everyone had made her feel welcome.
Sang-Woo **thought** he might go back to South Korea in a year or so.
Bruno **complained** that he had found it hard to get a job in Britain.

Die gebräuchlichsten Einleitungsverben sind:
– *say* und *tell (s. o.)* für Aussagesätze und Aufforderungssätze
– ask für Fragesätze und *answer* oder *reply* für Antworten dazu.

Außerdem werden auch eine Reihe anderer Verben verwendet, z. B. *think, believe, complain, explain.*

127 Die Verschiebung von Zeitangaben in der indirekten Rede
The shift of expressions of time in reported speech

Zeitangaben wie *today, yesterday, this week* beziehen sich auf den Standpunkt des Sprechers (z. B. *today* = der Tag, an dem jemand etwas sagt).
In der indirekten Rede werden solche Zeitangaben dem Standpunkt des Berichterstatters angepasst und daher oft verändert. (Vgl. die Anpassung der Personalpronomen, **122** .)

Direkte Rede	Indirekte Rede	
	Zeitraum dauert noch an	Zeitraum ist vorüber
Friday 13th	**Friday 13th**	**A few days later**
Weatherman on TV: "It will stop raining **tomorrow.**"	Ted to Mary: "Don't worry. The weatherman said it would stop raining **tomorrow.**"	Mary to Ted: "Those forecasts are so unreliable! On Friday the weatherman said it would stop raining **the next day / on Saturday**".

Zeitangaben wie *yesterday, today, this month, next year* usw. werden in der indirekten Rede beibehalten, wenn man noch innerhalb desselben Tages, Monats, Jahres usw. berichtet, was jemand gesagt hat.
Wenn der betreffende Zeitraum jedoch für den Berichterstatter schon vorüber ist, so werden solche Zeitangaben wie folgt verschoben:

today	→ **that** day	yesterday	→ **the** day **before**
tonight	→ **that** night	**last** Friday	→ **the** Friday **before**
this week	→ **that** week	**last** month	→ **the** month **before**
this year	→ **that** year	two days **ago**	→ two days **before**
		tomorrow	→ **the next** day / **the following** day
		next year	→ **the next** year / **the following** year

Statt die Zeitangaben zu verschieben, kann man auch den Tag, den Monat, das Jahr usw. nennen (z. B. *on Saturday*).

✱ Auch Ortsangaben werden in der indirekten Rede dem Standpunkt des Berichterstatters angepasst. *Here* wird z. B. oft zu *there* verschoben:

Cathy (phoning from Cornwall): We're having a great holiday! The weather down **here** is fantastic!
Sue (talking to Jack): Cathy says they're having a great holiday in Cornwall. She says the weather down **there** is fantastic.

Anhang

1 Unregelmäßige Verben
Irregular verbs

Infinitiv	simple past	past participle	
be [iː]	was / were	been [iː]	*sein*
beat [iː]	beat [iː]	beaten [iː]	*schlagen*
become [ʌ]	became [eɪ]	become [ʌ]	*werden*
begin [ɪ]	began [æ]	begun [ʌ]	*anfangen, beginnen*
bend [e]	bent [e]	bent [e]	*(sich) bücken, biegen*
bite [aɪ]	bit [ɪ]	bitten [ɪ]	*beißen*
bleed [iː]	bled [e]	bled [e]	*bluten*
blow [əʊ]	blew [uː]	blown [əʊ]	*blasen*
break [eɪ]	broke [əʊ]	broken [əʊ]	*(zer)brechen*
bring [ɪ]	brought [ɔː]	brought [ɔː]	*(her)bringen*
build [ɪ]	built [ɪ]	built [ɪ]	*bauen*
burn [ɜː]	burnt [ɜː], burned	burnt [ɜː], burned	*brennen*
buy [aɪ]	bought [ɔː]	bought [ɔː]	*kaufen*
catch [æ]	caught [ɔː]	caught [ɔː]	*fangen*
choose [uː]	chose [əʊ]	chosen [əʊ]	*(aus)wählen*
come [ʌ]	came [eɪ]	come [ʌ]	*kommen*
cost [ɒ]	cost [ɒ]	cost [ɒ]	*kosten*
cut [ʌ]	cut [ʌ]	cut [ʌ]	*schneiden*
deal [iː]	dealt [e]	dealt [e]	*handeln, austeilen*
dig [ɪ]	dug [ʌ]	dug [ʌ]	*graben*
do [uː]	did [ɪ]	done [ʌ]	*machen, tun*
draw [ɔː]	drew [uː]	drawn [ɔː]	*zeichnen, ziehen*
drink [ɪ]	drank [æ]	drunk [ʌ]	*trinken*
drive [aɪ]	drove [əʊ]	driven [ɪ]	*fahren, antreiben*
eat [iː]	ate [e]	eaten [iː]	*essen*
fall [ɔː]	fell [e]	fallen [ɔː]	*fallen*
feed [iː]	fed [e]	fed [e]	*füttern*
feel [iː]	felt [e]	felt [e]	*fühlen*
fight [aɪ]	fought [ɔː]	fought [ɔː]	*kämpfen*
find [aɪ]	found [aʊ]	found [aʊ]	*finden*
fly [aɪ]	flew [uː]	flown [əʊ]	*fliegen*
forget [e]	forgot [ɒ]	forgotten [ɒ]	*vergessen*
freeze [iː]	froze [əʊ]	frozen [əʊ]	*(er)frieren, gefrieren*
get [e]	got [ɒ]	got [ɒ]	*bekommen, holen, werden*
give [ɪ]	gave [eɪ]	given [ɪ]	*geben*
go [əʊ]	went [e]	gone [ɒ]	*gehen, fahren*
grow [əʊ]	grew [uː]	grown [əʊ]	*wachsen, anbauen*
hang [æ]	hung [ʌ]	hung [ʌ]	*(auf)hängen*
have [æ]	had [æ]	had [æ]	*haben*

117

Infinitiv	simple past	past participle	
hear [ɪə]	heard [ɜː]	heard [ɜː]	hören
hide [aɪ]	hid [ɪ]	hidden [ɪ]	(sich) verstecken
hit [ɪ]	hit [ɪ]	hit [ɪ]	schlagen, treffen
hold [əʊ]	held [e]	held [e]	halten
hurt [ɜː]	hurt [ɜː]	hurt [ɜː]	verletzen, weh tun
keep [iː]	kept [e]	kept [e]	(be)halten
know [əʊ]	knew [uː]	known [əʊ]	wissen, kennen
lay [eɪ]	laid [eɪ]	laid [eɪ]	legen
lead [iː]	led [e]	led [e]	führen, leiten
lean [iː]	leant [e], leaned	leant [e], leaned	lehnen, sich neigen
learn [ɜː]	learnt [ɜː], learned	learnt [ɜː], learned	lernen
leave [iː]	left [e]	left [e]	(ver-/zurück)lassen
lend [e]	lent [e]	lent [e]	(ver)leihen
let [e]	let [e]	let [e]	lassen
lie [aɪ]	lay [eɪ]	lain [eɪ]	liegen
lose [uː]	lost [ɒ]	lost [ɒ]	verlieren
make [eɪ]	made [eɪ]	made [eɪ]	machen
mean [iː]	meant [e]	meant [e]	bedeuten, meinen
meet [iː]	met [e]	met [e]	treffen, begegnen
pay [eɪ]	paid [eɪ]	paid [eɪ]	(be)zahlen
put [ʊ]	put [ʊ]	put [ʊ]	setzen, stellen, legen
read [iː]	read [e]	read [e]	lesen
ride [aɪ]	rode [əʊ]	ridden [ɪ]	reiten, fahren
ring [ɪ]	rang [æ]	rung [ʌ]	klingeln, anrufen
rise [aɪ]	rose [əʊ]	risen [ɪ]	aufstehen, aufgehen
run [ʌ]	ran [æ]	run [ʌ]	laufen, rennen
say [eɪ]	said [e]	said [e]	sagen
see [iː]	saw [ɔː]	seen [iː]	sehen
seek [iː]	sought [ɔː]	sought [ɔː]	suchen
sell [e]	sold [əʊ]	sold [əʊ]	verkaufen
send [e]	sent [e]	sent [e]	senden, schicken
shake [eɪ]	shook [ʊ]	shaken [eɪ]	schütteln, zittern
shine [aɪ]	shone [ɒ]	shone [ɒ]	scheinen
shoot [uː]	shot [ɒ]	shot [ɒ]	schießen
show [əʊ]	showed [əʊ]	shown [əʊ]	zeigen
sing [ɪ]	sang [æ]	sung [ʌ]	singen
sink [ɪ]	sank [æ]	sunk [ʌ]	sinken, versenken
sit [ɪ]	sat [æ]	sat [æ]	sitzen, sich setzen
sleep [iː]	slept [e]	slept [e]	schlafen
smell [e]	smelt [e], smelled	smelt [e], smelled	riechen
speak [iː]	spoke [əʊ]	spoken [əʊ]	sprechen
spell [e]	spelt [e], spelled	spelt [e], spelled	buchstabieren
spend [e]	spent [e]	spent [e]	ausgeben, verbringen
spin [ɪ]	spun [ʌ]	spun [ʌ]	spinnen, drehen
spread [e]	spread [e]	spread [e]	(sich) ver-/ausbreiten
stand [æ]	stood [ʊ]	stood [ʊ]	stehen
steal [iː]	stole [əʊ]	stolen [əʊ]	stehlen
swear [eə]	swore [ɔː]	sworn [ɔː]	schwören, fluchen
swim [ɪ]	swam [æ]	swum [ʌ]	schwimmen
take [eɪ]	took [ʊ]	taken [eɪ]	nehmen, (hin)bringen

Infinitiv	simple past	past participle	
teach [iː]	taught [ɔː]	taught [ɔː]	*lehren, unterrichten*
tell [e]	told [əʊ]	told [əʊ]	*erzählen, sagen*
think [ɪ]	thought [ɔː]	thought [ɔː]	*denken, meinen*
throw [əʊ]	threw [uː]	thrown [əʊ]	*werfen*
understand [æ]	understood [ʊ]	understood [ʊ]	*verstehen*
wake [eɪ]	woke [əʊ]	woken [əʊ]	*wecken, aufwachen*
wear [eə]	wore [ɔː]	worn [ɔː]	*tragen (Kleidung)*
weep [iː]	wept [e]	wept [e]	*weinen*
win [ɪ]	won [ʌ]	won [ʌ]	*gewinnen*
write [aɪ]	wrote [əʊ]	written [ɪ]	*schreiben*

2 Übersicht über die Zeitformen des Aktivs und Passivs
Table of the tenses of the active and passive voice

In der folgenden Übersicht ist die *simple form* jeweils farbig unterlegt; die *progressive form* wird auf weißem Hintergrund dargestellt.

	Aktiv	Passiv
present tense	Judy **takes** Sammy for a walk every afternoon.	The dog **is taken** for a walk every afternoon.
	Judy **is taking** Sammy for a walk.	Sammy **is being taken** to the vet's now.
past tense	Last summer Mark **took** lots of photos.	This photo **was taken** two years ago.
	Someone walked in front of the camera while Mark **was taking** a photo.	I met our new neighbours while their furniture **was being taken** into the house.
present perfect	Dad **has taken** the boys to school in the car.	Judy **has been taken** to hospital. She is seriously ill.
	Paul **has been taking** driving lessons for nearly three months now.	—
past perfect	Dad went to the office after he **had taken** the boys to school.	Mark didn't eat much for a day or two after his tooth **had been taken** out.
	Paul was afraid of failing his driving test, although he **had been taking** driving lessons for months.	—
will-future	Sarah's training as a vet **will take** six years.	A photograph of the school-leavers **will be taken** outside the school hall next Monday.
	Next year at this time Judy **will be taking** her A levels.	—

	Aktiv	Passiv
future perfect	Tomorrow at this time our plane **will have taken** off.	Our luggage **will have been taken** on board long before the flight is called.
	John is learning to fly. By the end of this year he **will have been taking** lessons for six months.	—
conditional	If Mark had a dog, he **would take** it out regularly.	If Judy was seriously ill, she **would be taken** to hospital at once.
	If the weather wasn't so terrible, Judy **would be taking** Sammy for a walk now.	—
conditional perfect	If Mum had known that Judy felt ill, she **would have taken** her to the doctor's.	If Judy had been seriously ill, she **would have been taken** to hospital at once.
	If Mark hadn't been ill all winter, he **would have been taking** his exams in June.	—

3 Wortbildung
Word formation

Unter Wortbildung versteht man die Bildung neuer Wörter aus schon vorhandenen, z. B. mit Hilfe von Vor- oder Nachsilben. Durch die Kenntnis der Wortbildungsregeln lassen sich die Bedeutungen vieler unbekannter Wörter erschließen.

1. Wortbildung durch Vorsilben

		Nomen	Verb	Adjektiv
re-	„nochmals", „zurück"		to **re**write neu schreiben	
		repayment Rückzahlung	to **re**pay zurückzahlen	**re**payable rückzahlbar
in- *(im-* vor *b, p, m,* *il-* vor *l,* *ir-* vor *r)*	„nicht", „Gegenteil von"	**in**dependence Unabhängigkeit		**in**dependent unabhängig
		impossibility Unmöglichkeit		**im**possible unmöglich
				illogical unlogisch
		irregularity Unregelmäßigkeit		**ir**regular unregelmäßig
de-	„rückgängig machen"	**de**formation Verunstaltung	to **de**form verunstalten	**de**formed verunstaltet

		Nomen	Verb	Adjektiv
un-	„nicht", „Gegenteil von", „rückgängig machen"	**un**happiness Traurigkeit		**un**happy unglücklich
		unemployment Arbeitslosigkeit		**un**employed arbeitslos
			to **un**lock aufschließen	**un**locked unverschlossen
dis-		**dis**honesty Unehrlichkeit		**dis**honest unehrlich
		disappearance Verschwinden	to **dis**appear verschwinden	
		disqualification Disqualifizierung	to **dis**qualify disqualifizieren	
		disagreement Uneinigkeit	to **dis**agree nicht einverstanden sein	**dis**agreeable unangenehm
mis-	„falsch"	**mis**understanding Missverständnis	to **mis**understand missverstehen	
			to **mis**lead irreführen	**mis**leading irreführend
mal-	„schlecht"	**mal**treatment Misshandlung	to **mal**treat misshandeln	**mal**treated misshandelt
over-	„über", „zu viel"	**over**work Überarbeitung	to **over**work sich überarbeiten	**over**worked überarbeitet
under-	„unter", „zu wenig"	**under**statement Untertreibung	to **under**state untertreiben	**under**stated untertrieben
super-	„über" „mehr als"			**super**natural übernatürlich
sub-	„unter", „weniger als"	**sub**way Unterführung (BE), U-Bahn (AE)		**sub**normal minderbegabt
inter-	„zwischen", „gegenseitig"	**inter**action Wechselwirkung	to **inter**act aufeinander wirken	**inter**active interaktiv
co-	„zusammen", „miteinander"	**co**-operation Zusammenarbeit	to **co**-operate zusammenarbeiten	**co**-operative hilfsbereit
pre-	„vor"	**pre**history Vorgeschichte		**pre**historic vorgeschichtlich

2. Wortbildung durch Nachsilben

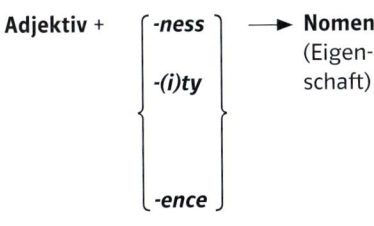

Adjektiv + { -ness / -(i)ty / -ence } → Nomen (Eigen-schaft)

Nomen	Verb	Adjektiv
dark**ness** Dunkelheit	←	dark dunkel
activ**ity** Aktivität		active aktiv
certain**ty** Gewissheit		certain gewiss
differ**ence** Unterschied		different unterschiedlich

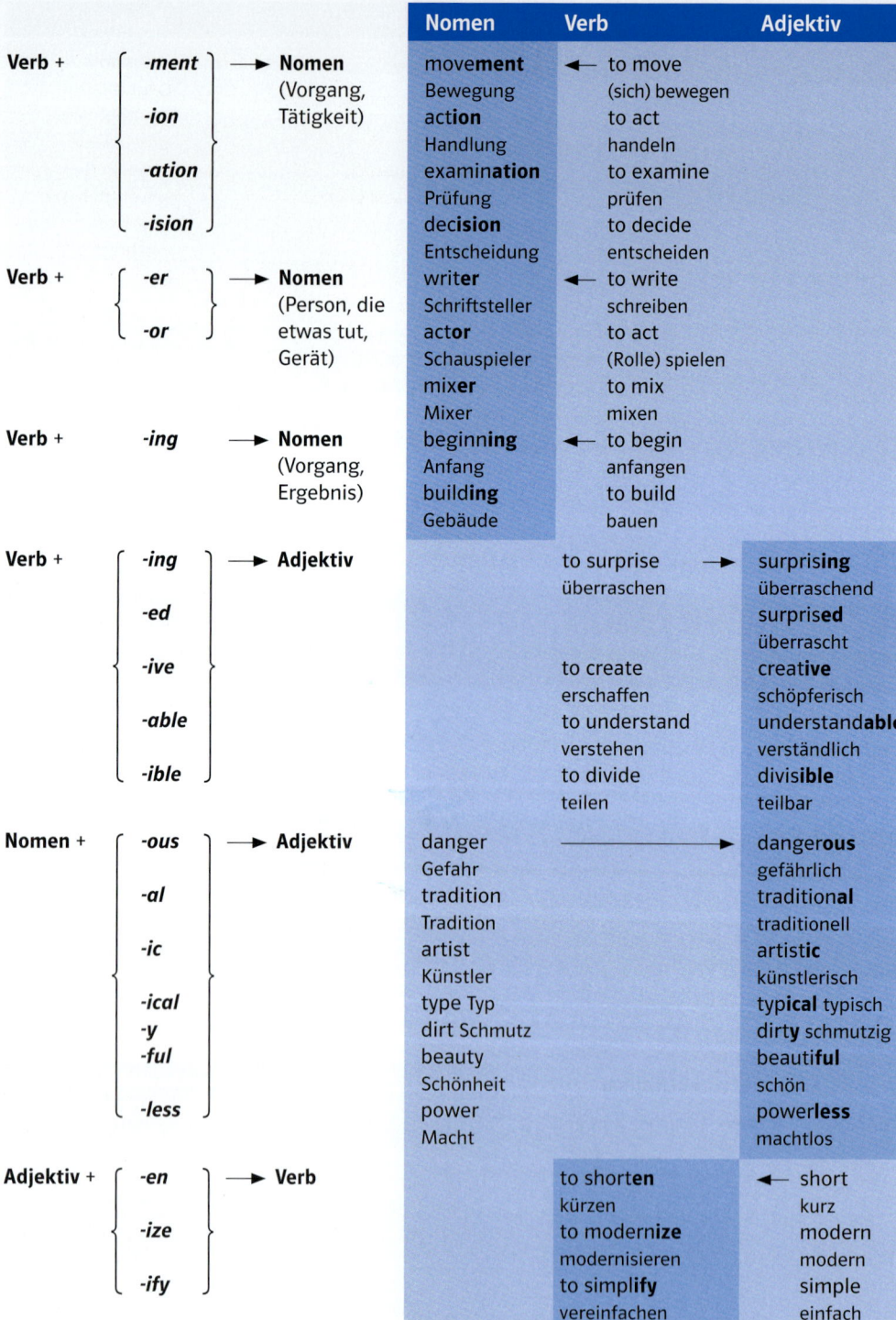

	Nomen	Verb	Adjektiv
Verb + -ment / -ion / -ation / -ision → **Nomen** (Vorgang, Tätigkeit)	move**ment** Bewegung act**ion** Handlung examin**ation** Prüfung de**cision** Entscheidung	← to move (sich) bewegen to act handeln to examine prüfen to decide entscheiden	
Verb + -er / -or → **Nomen** (Person, die etwas tut, Gerät)	writ**er** Schriftsteller act**or** Schauspieler mix**er** Mixer	← to write schreiben to act (Rolle) spielen to mix mixen	
Verb + -ing → **Nomen** (Vorgang, Ergebnis)	beginn**ing** Anfang build**ing** Gebäude	← to begin anfangen to build bauen	
Verb + -ing / -ed / -ive / -able / -ible → **Adjektiv**		to surprise überraschen to create erschaffen to understand verstehen to divide teilen	surpris**ing** → überraschend surpris**ed** überrascht creat**ive** schöpferisch understand**able** verständlich divis**ible** teilbar
Nomen + -ous / -al / -ic / -ical / -y / -ful / -less → **Adjektiv**	danger Gefahr tradition Tradition artist Künstler type Typ dirt Schmutz beauty Schönheit power Macht		danger**ous** gefährlich tradition**al** traditionell artist**ic** künstlerisch typ**ical** typisch dir**ty** schmutzig beauti**ful** schön power**less** machtlos
Adjektiv + -en / -ize / -ify → **Verb**		to short**en** kürzen to modern**ize** modernisieren to simpl**ify** vereinfachen	← short kurz modern modern simple einfach

3. Konversion

Von Konversion spricht man, wenn ein Wort in eine andere Wortart übertritt, ohne dabei die Form zu verändern. Das gleiche Wort kann dann z. B. als Nomen und als Verb gebraucht werden.

Nomen		Verb		Adjektiv	
the rain	Regen	to rain	regnen		
an answer	Antwort	to answer	antworten		
a surprise	Überraschung	to surprise	überraschen		
		to dry	trocknen	dry	trocken
		to empty	leeren	empty	leer
an equal	Gleichgestellte(r)	to equal	gleichen	equal	gleich
a giant	Riese			giant	riesig
a secret	Geheimnis			secret	geheimnisvoll
a sweet	Bonbon			sweet	süß

4. Wortzusammensetzungen

Neue Wörter können auch durch Zusammensetzung von bestehenden Wörtern gebildet werden. Die Zusammensetzungen werden oft mit Bindestrich oder als ein Wort geschrieben.

dishwasher	Spülmaschine	freeway	Autobahn (AE)
letterbox	Briefkasten	redwood	(Baumart)
boyfriend	Freund	wildlife	Tierwelt
earthquake	Erdbeben	outback	(australisches
washing-machine	Waschmaschine		Hinterland)
dining-room	Esszimmer	underground	U-Bahn

Bei den meisten Zusammensetzungen handelt es sich um Nomen.

bitter-sweet	bittersüß	good-looking	gut aussehend
dark blue	dunkelblau	heartbreaking	herzzerbrechend
second-best	zweitbeste(r/s)	self-cleaning	selbstreinigend
trouble-free	störungsfrei	hand-made	von Hand gemacht
seasick	seekrank	dark-haired	dunkelhaarig
waterproof	wasserdicht, wasserfest	left-handed	linkshändig

Außerdem gibt es auch zusammengesetzte Adjektive, darunter viele Verbindungen mit dem *present* oder *past participle (good-looking, hand-made)*.

Neue Wörter entstehen auch durch
– Wortkürzung:
   advertisement [əd'vɜːtɪsmənt]   ➞ advert ['ædvɜːt], ad [æd]
   laboratory [lə'bɒrətrɪ]   ➞ lab [læb]
– Wortmischung:
   smoke + fog   ➞ smog
   breakfast + lunch   ➞ brunch
– Zusammensetzung von Anfangsbuchstaben:
   very important person   ➞ VIP ['viːaɪ'piː]
   Member of Parliament   ➞ MP [ˌem'piː]
   United Nations International
   Children's Emergency Fund   ➞ UNICEF ['juːnɪsef]

4 Lautzeichen
Phonetic symbols

Kurze Vokale	Lange Vokale	Diphthonge	Stimmlose Konsonanten	Stimmhafte Konsonanten		
[ɪ] sit	[iː] see	[eɪ] name	[s] sun	[z] easy	[l] land
[ʌ] cut	[ɑː] ask	[aɪ] time	[ʃ] ship	[ʒ] vision	[m] man
[ɒ] box	[ɔː] door	[ɔɪ] boy	[tʃ] chin	[dʒ] job	[n] new
[ʊ] put	[uː] moon	[əʊ] cold	[θ] thin	[ð] then	[ŋ] long
[e] let	[ɜː] bird	[aʊ] loud	[f] fan	[v] van	[r] red
[æ] hat		[ɪə] here	[p] pig	[b] big	[h] hot
[ə] again		[eə] there	[t] town	[d] down	[j] yes
		[ʊə] sure	[k] car	[g] go	[w] wall

Betonungszeichen

international [ˌɪntəˈnæʃənl]   ' = Hauptbetonung   ˌ = Nebenbetonung
upside down [ˌ--ˈ-]   - steht für eine Silbe, wenn nur die Betonung angegeben wird

5 Das englische Alphabet
The English alphabet

a	b	c	d	e	f	g	h	i
[eɪ]	[biː]	[siː]	[diː]	[iː]	[ef]	[dʒiː]	[eɪtʃ]	[aɪ]

j	k	l	m	n	o	p	q	r
[dʒeɪ]	[keɪ]	[el]	[em]	[en]	[əʊ]	[piː]	[kjuː]	[ɑː]

s	t	u	v	w	x	y	z
[es]	[tiː]	[juː]	[viː]	[ˈdʌbljuː]	[eks]	[waɪ]	βə [zed], ɑə [ziː]

6 Englische Ausdrücke für Satzzeichen
English terms for punctuation marks

.	BE: full stop, AE: period [ˈpɪərɪəd]	-	hyphen [ˈhaɪfən] (Bindestrich)
,	comma	" " ⎫	inverted commas,
;	semi-colon [ˌsemɪˈkəʊlən]	' ' ⎭	(double / single) quotation marks
:	colon	'	apostrophe [əˈpɒstrəfɪ]
?	question mark	( )	(round) brackets
!	exclamation mark [ˌekskləˈmeɪʃn]	[ ]	square brackets
–	dash (Gedankenstrich)	/	slash

7 Britisches und amerikanisches Englisch
British and American English

Die in Jahrhunderten entstandenen Unterschiede zwischen amerikanischem und britischem Englisch verwischen sich zusehends, wobei das britische Englisch immer stärker vom amerikanischen Englisch beeinflusst wird. Die folgenden Beispiele beschreiben daher lediglich die zur Zeit im britischen und amerikanischen Englisch bevorzugte Verwendung im Bereich des Wortschatzes, der Aussprache, der Rechtschreibung und der Grammatik.

1. Wortschatz

Britisches Englisch	Amerikanisches Englisch	
Schule *(School)*		
primary school	elementary school	*Grundschule*
comprehensive school	high school	*Gesamtschule*
class	grade	*(Schul-)Klasse*
pupil	student	*Schüler(in)*
head (teacher)	principal	*Schuldirektor(in)*
timetable	schedule	*Stundenplan*
mark	grade	*(Schul-)Note*
Maths	Math	*Mathematik*
exercise book	notebook	*(Übungs-)Heft*
holidays	vacation	*Ferien*
Nahrungsmittel *(Food)*		
biscuit	cookie	*Keks, Plätzchen*
sweets	candy	*Süßigkeiten*
maize	corn	*Mais*
lemonade	soda	*Limonade*
Kleidung *(Clothes)*		
trousers	pants	*Hose*
zip	zipper	*Reißverschluss*
handbag	purse, handbag, pocketbook	*Handtasche*
purse	wallet	*Geldbeutel*
Städtisches Leben / Gebäude *(Urban environment / buildings)*		
town centre, city centre	downtown	*Stadtmitte /-zentrum*
shopping centre	shopping mall	*Einkaufszentrum*
shop	store	*Laden*
(to) queue (up)	to get in line	*sich anstellen*
pavement	sidewalk	*Bürgersteig*
phone box	phone booth	*Telefonzelle*
postman / postwoman	mailman / mailwoman	*Briefträger(in)*
(at the) cinema	(at the) movies	*(im) Kino*
front garden	front yard	*Vorgarten*
flat	apartment	*Wohnung*
lift	elevator	*Fahrstuhl*
toilet	restroom, bathroom	*Toilette*

Britisches Englisch	Amerikanisches Englisch	
Städtisches Leben / Gebäude _(Urban environment / buildings)_		
cupboard	closet	_Schrank_
dustbin	garbage can	_Mülleimer_
rubbish	trash, garbage	_Abfall_
Verkehr _(Transport)_		
railway	railroad	_Eisenbahn_
underground	subway	_U-Bahn_
lorry, truck	truck	_Lastwagen_
motorbike	motorcycle	_Motorrad_
car park	parking lot	_öffentlicher Parkplatz_
hire (a car)	rent (a car)	_mieten_
petrol	gas(oline)	_Benzin_
Sonstiges _(Other)_		
autumn	fall	_Herbst_
path	trail	_Pfad_
pocket money	allowance	_Taschengeld_
penfriend	pen pal	_Brieffreund(in)_
film	movie	_Film_
football	soccer	_Fußball_
a quarter	a fourth	_ein Viertel (1/4)_
three quarters	three fourths	_drei Viertel (3/4)_

2. Rechtschreibung

Britisches Englisch	Amerikanisches Englisch
behaviour, colour, favourite, harbour, honour, labour, neighbour	behavior, color, favorite, harbor, honor, labor, neighbor
centre, litre, metre, theatre	center, liter, meter, theater
cancelled, dialled, quarelling, traveller	canceled, dialed, quareling, traveler
catalogue, dialogue, monologue	catalog, dialog, monolog
defence, licence, offence	defense, license, offense
to fulfil, skilful	to fulfill, skillful
to practise	to practice
grey, mum, programme, tyre	gray, mom, program, tire
24.12.99 (Tag, Monat, Jahr)	12.24.99 (Monat, Tag, Jahr)

3. Aussprache

	Britisches Englisch		Amerikanisches Englisch	
ask, b**a**th, c**a**n't	[ɑː]:	[ɑːsk], [bɑːθ], [kɑːnt]	[æ]:	[æsk], [bæθ], [kænt]
b**o**ther, st**o**p, G**o**d	[ɒ]:	[ˈbɒðə], [stɒp], [gɒd]	[ɑː]:	[ˈbɑːðᵊr], [stɑːp], [gɑːd]
either, n**ei**ther	[aɪ]:	[ˈaɪðə], [ˈnaɪðə]	[iː]:	[ˈiːðᵊr], [ˈniːðᵊr]
d**u**ty, n**ew**, n**eu**tral	[juː]:	[ˈdjuːtɪ], [njuː], [ˈnjuːtrəl]	[uː]:	[ˈduːtɪ], [nuː], [ˈnuːtrəl]
ci**t**y, be**tt**er, wa**t**er	[t]:	[ˈsɪtɪ], [ˈbetə], [ˈwɔːtə]	[t̬]:	[ˈsɪt̬ɪ], [ˈbet̬ᵊr], [ˈwɔːt̬ᵊr] (*t* wird zwischen stimmhaften Lauten ähnlich wie *d* gesprochen)
car, bird, winner	[ ]:	[kɑː], [bɜːd], [ˈwɪnə] (*r* wird im Auslaut und vor Konsonant nicht gesprochen)	[r]:	[kɑːr], [bɜːrd], [ˈwɪnᵊr] (*r* wird immer gesprochen)

4. Grammatik

Britisches Englisch	Amerikanisches Englisch
I'm not hungry. I**'ve** just **had** lunch.	I'm not hungry. I just **had** lunch. / I've just had lunch.
He**'s** already **done** the job.	He already **did** the job. / He's already done the job.
Have you **heard** the news yet?	**Did** you **hear** the news yet? / Have you heard the news yet?
Have you **got** any relations in America? I **must** go now. / I **have got to** go now. You needn't have **got** so worried.	**Do** you **have** any relations in Europe? I **have to** go now. You needn't have **gotten** so worried.
That's a **really nice** car you drive.	(Umgangssprache) That's a **real nice** car you drive.
I**'m not**, you **aren't**, we **haven't**, she **hasn't**	(Umgangssprache) I / you / we / she **ain't**

8 Englisch-deutsches Verzeichnis grammatischer Ausdrücke

active (voice) ['æktɪv 'vɔɪs]	Aktiv	*The cowboys drove the cattle across the river.* (cf. passive voice)
adjective ['ædʒɪktɪv]	Adjektiv	*good, bad, terrible*, etc.
adverb ['ædvɜːb]	Adverb	*well, badly, terribly*, etc.
adverb of frequency ['friːkwənsɪ]	Adverb der Häufigkeit	*always, often, sometimes, once, twice, daily, weekly, monthly*, etc.
adverb of time	Adverb der Zeit	*now, soon, yesterday, today*, etc.
adverb of manner ['mænə]	Adverb der Art und Weise	*carefully, slowly, easily*, etc.
adverb of place	Ortsadverb	It is *here*. Her room is *upstairs*.
adverbial (phrase) [əd'vɜːbjəl 'freɪz]	adverbiale Bestimmung	*in London, last night, once a month*, etc.
adverbial clause [əd'vɜːbjəl 'klɔːz]	adverbialer Nebensatz	see clause of reason / time / condition / comparison / concession / purpose
article ['ɑːtɪkl]	Artikel	see definite / indefinite article
auxiliary [ɔːg'zɪljərɪ]	Hilfsverb	*be, have, do, can, may, must*, etc. (cf. main verb)
backshift of tenses (in reported speech) ['bækʃɪft əv 'tensɪz]	Rückverschiebung der Zeitformen (in der indirekten Rede)	"I *can't* come." → He said he *couldn't* come.
by-agent ['baɪ ˌeɪdʒnt]	–	The fire brigade was called *by one of the neighbours.*
cardinal numbers ['kɑːdɪnl 'nʌmbəz]	Grundzahlen	*one, two, three*, etc. (cf. ordinal numbers)
clause [klɔːz]	Haupt- / Nebensatz	see main clause, subordinate clause
clause of comparison [kəm'pærɪzn]	Nebensatz des Vergleichs	He went past *as if he hadn't seen us.*
clause of concession [kən'seʃn]	Nebensatz der Einräumung	We went out *although it was raining.*
clause of condition [kən'dɪʃn]	Nebensatz der Bedingung	I won't go *unless you go with me.* (see also *if*-clause)
clause of reason ['riːzn]	Nebensatz des Grundes	We can't go out *because it's raining.*
clause of time	Nebensatz der Zeit	I'll wait here *until you come back.*
clause of purpose ['pɜːpəs]	Nebensatz des Zwecks	We left early *so that we would arrive in time.*
comparative (form) [kəm'pærətɪv]	Komparativ	*better, faster, more expensive*, etc. (cf. superlative)
comparison [kəm'pærɪsn]	Steigerung; Vergleich	*good – better – best; more expensive than …, as nice as …*
complement ['kɒmplɪmənt]	(Verb-)Ergänzung	be *a Catholic*, remain *silent*
complex clause ['kɒmpleks 'klɔːz]	Satzgefüge	*If it rains, we'll stay at home.* (cf. main clause, subordinate clause)
compound ['kɒmpaʊnd]	(Wort-)Zusammen-setzung	*someone, living-room, school uniform*
conditional [kən'dɪʃənl]	–	I *would come.*
conditional perfect [kən'dɪʃənl 'pɜːfekt]	–	I *would have come.*
conditional sentence [kən'dɪʃənl 'sentəns]	Bedingungssatz(gefüge)	*If it rains, we'll stay at home.*

conjunction [kən'dʒʌŋkʃn]	Konjunktion	*while, because, though, if,* etc.
contact clause ['kɒntækt ˌklɔːz]	Relativsatz ohne Relativpronomen	The book *I'm reading* is fantastic.
defining relative clause [dɪ'faɪnɪŋ 'relətɪv 'klɔːz]	notwendiger Relativsatz	The waitress *who served us yesterday* was very friendly. (cf. non-defining relative clause)
definite article ['defɪnɪt 'ɑːtɪkl]	bestimmter Artikel	*the* town, *the* answer
demonstrative (word) [dɪ'mɒnstrətɪv]	Demonstrativwort	see demonstrative determiner / pronoun
demonstrative determiner [dɪ'tɜːmɪnə]	Demonstrativbegleiter	*this* boy, *these* boys, *that* girl, *those* girls
demonstrative pronoun ['prəʊnaʊn]	Demonstrativpronomen	*This* is my jacket. Whose is *that? These* are my books, and *those* are yours.
direct object ['daɪrekt 'ɒbdʒekt]	direktes Objekt	He was reading *a letter.* She gave me *a book.* (cf. indirect object)
direct speech ['daɪrekt 'spiːtʃ]	direkte Rede	She said: *"I can't come."* (cf. reported speech)
do-emphasis ['duː ˌemfəsɪs]	Hervorhebung mit *do*	I'm not very keen on sports, but I *do* like swimming.
end position (of adverbs) ['end pəˌzɪʃn]	Endstellung (von Adverbien)	We came back *yesterday.* She makes friends *easily.* (cf. front position, mid position)
expression of direction [ɪk'spreʃn əv dɪ'rekʃən]	Richtungsangabe	*to the house, into the room, out of the window,* etc.
expression of frequency ['friːkwənsɪ]	Wiederholungszahl	*once, twice, three times,* etc.
expression of place	Ortsangabe	*at the table, in the house,* etc.
expression of quantity ['kwɒntɪtɪ]	Mengenangabe	*a piece of* cake, *two pounds of* apples, *some* salt
expression of time	Zeitangabe	*in the morning, on Friday,* etc.
front position (of adverbs) ['frʌnt pəˌzɪʃn]	Anfangsstellung (von Adverbien)	*Yesterday* I visited my grandparents. (cf. end position, mid position)
full forms (of auxiliaries)	Langformen (der Hilfsverben)	We *have* landed. She *is* on holiday. I *have not* met her. (cf. short forms)
future ['fjuːtʃə]	–	see *will*-future, *going-to*-future
future perfect [ˌfjuːtʃə 'pɜːfekt]	–	I *will have finished* the job by the weekend.
future progressive ['fjuːtʃə prə'gresɪv]	–	We *will be meeting* him tonight.
general personal pronoun ['dʒenrl ˌpɜːsənl 'prəʊnaʊn]	allgemeines Personalpronomen	*One* shouldn't change *one's* mind too often.
genitive ['dʒenɪtɪv]	Genitiv	see *s*-genitive, *of*-phrase
gerund ['dʒerənd]	–	I like *playing* tennis. *Dancing* is fun.
going-to-future ['gəʊɪŋ tʊ ˌfjuːtʃə]	–	We *are going to spend* a week in France.
if-clause ['ɪf ˌklɔːz]	*if*-Satz	*If we hurry,* we will catch the bus.
imperative [ɪm'perətɪv]	Imperativ	*Come* in. *Don't wait* outside.
imperative sentence	Aufforderungssatz	*Come in. Don't wait outside.*

indefinite article [ɪnˈdefɪnɪt ˈɑːtɪkl]	unbestimmter Artikel	*a* town, *an* answer
indirect object [ˈɪndaɪˌrekt ˈɒbdʒekt]	indirektes Objekt	She gave *me* a book. She was dictating a letter *to her secretary*. (cf. direct object)
indirect speech [ˈɪndaɪˌrekt ˈspiːtʃ]	indirekte Rede	see reported speech
infinitive [ɪnˈfɪnətɪv]	Infinitiv	*(to) be, (to) have, (to) see*, etc.
interrogative [ˌɪntəˈrɒɡətɪv]	Fragewort	see question word
interrogative clause [ˌɪntəˈrɒɡətɪv ˈklɔːz]	indirekter Fragesatz	I don't know *where she is*.
irregular verb [ɪˈreɡjʊlə ˈvɜːb]	unregelmäßiges Verb	*go – went – gone* (cf. regular verb)
main clause [ˈmeɪn ˈklɔːz]	Hauptsatz	If it rains, *we'll stay at home*. (cf. subordinate clause)
main verb [ˈmeɪn ˈvɜːb]	Vollverb	*go, read, know*, etc. (cf. auxiliary)
mid position (of adverbs) [ˈmɪd pəˌzɪʃən]	Binnenstellung (von Adverbien)	She *easily* makes friends. (cf. front position, end position)
modal auxiliary [ˈməʊdl ɔːɡˈzɪljəri]	modales Hilfsverb	*can, may, must, shall, will*, etc.
name [neɪm]	(Eigen-)Name	*Tom, the Browns, France, the Alps*, etc.
negative statement [ˈneɡətɪv ˈsteɪtmənt]	verneinter Aussagesatz	*That isn't true*. (cf. positive statement)
non-defining relative clause [ˈnɒn dɪˈfaɪnɪŋ ˈrelətɪv ˈklɔːz]	nichtnotwendiger Relativsatz	The waitress, *who was very friendly*, showed us to a table at the window. (cf. defining relative clause)
noun [naʊn]	Nomen, Substantiv	*book, water, music, people*, etc.
numbers	Zahlen	see cardinal / ordinal numbers
object [ˈɒbdʒekt]	Objekt	see direct object, indirect object
object form (of personal pronouns)	Objektform (von Personalpronomen)	It's *me/him/her/us/them*. (cf. subject form)
of-phrase [ˈɒv freɪz]	–	the roof *of the church*, the manager *of the factory*
ordinal numbers [ˈɔːdɪnl ˈnʌmbəz]	Ordnungszahlen	*first, second, third*, etc. (cf. cardinal numbers)
participle [ˈpɑːtɪsɪpl]	Partizip	see present participle, past participle
passive (voice) [ˈpæsɪv ˈvɔɪs]	Passiv	*The cattle were driven across the river*. (cf. active voice)
passive infinitive [ˈpæsɪv ɪnˈfɪnətɪv]	Passivform des Infinitivs	*(to) be repaired, (to) be informed*
past participle [ˈpɑːst ˈpɑːtɪsɪpl]	–	*written, eaten*, (has) *changed*, etc. (cf. present participle)
past perfect [ˈpɑːst ˈpɜːfekt]	–	see simple past perfect, past perfect progressive
past perfect progressive [ˌpɑːst ˈpɜːfekt prəˈɡresɪv]	–	I *had been writing* letters all afternoon that day. (cf. simple past perfect)
past progressive [ˈpɑːst prəˈɡresɪv]	–	She *was packing* her suitcase when I arrived. (cf. simple past)
past tense [ˈpɑːst ˈtens]	–	see simple past, past progressive
personal pronoun [ˈpɜːsənl ˈprəʊnaʊn]	Personalpronomen	*I, you, he, she*, etc.
phrasal verb [ˈfreɪzl ˈvɜːb]	–	*take off, give up, put on*, etc.
phrase [freɪz]	Satzteil, Wortgruppe	*the round table, at four o'clock*

plural ['plʊərəl]	Plural (Mehrzahl)	some *books*, two *magazines*, etc. (cf. singular)
positive statement ['pɒzətɪv 'steɪtmənt]	bejahter Aussagesatz	*That is true.* (cf. negative statement)
possessive (word) [pə'zesɪv]	Possessivwort	see possessive determiner / pronoun
possessive determiner [pə'zesɪv dɪ'tɜ:mɪnə]	Possessivbegleiter	*my* jacket, *your* scarf, *his* shirt, etc.
possessive pronoun [pə'zesɪv 'prəʊnaʊn]	Possessivpronomen	*mine, yours, his, hers,* etc.
prefix ['pri:fɪks]	Vorsilbe	*un*happy, *dis*advantage, *re*open, etc. (cf. suffix)
preposition [ˌprepə'zɪʃn]	Präposition	*in* the house, *at* the table, *for* a week, etc.
present participle ['preznt 'pɑ:tɪsɪpl]	–	*writing, eating, changing,* etc. (cf. past participle)
present perfect ['preznt 'pɜ:fekt]	–	see simple present perfect, present perfect progressive
present perfect progressive ['preznt 'pɜ:fekt prə'gresɪv]	–	I *have been writing* letters all afternoon. (cf. simple present perfect)
present progressive ['preznt prə'gresɪv]	–	She *is working* on an article. (cf. simple present)
present tense ['preznt 'tens]	–	see simple present, present progressive
progressive form [prə'gresɪv 'fɔ:m]	–	He *is / was / has been working,* etc. (cf. simple form)
pronoun ['prəʊnaʊn]	Pronomen	see personal / demonstrative / possessive / reciprocal / reflexive / relative pronoun
prop-word ['prɒp ˌwɜ:d]	Stützwort	a white shirt, a green *one* and two blue *ones*
question tag ['kwestʃn ˌtæg]	Bestätigungsfrage	It's a lovely day, *isn't it?*
question word ['kwestʃn ˌwɜ:d]	Fragewort	*how, why, where, when,* etc.
reciprocal pronoun [rɪ'sɪprəkl 'prəʊnaʊn]	reziprokes Pronomen	*each other, one another*
reflexive pronoun [rɪ'fleksɪv 'prəʊnaʊn]	Reflexivpronomen	She introduced *herself.*
regular verb ['regjʊlə 'vɜ:b]	regelmäßiges Verb	*arrive – arrived* (cf. irregular verb)
relative clause ['relətɪv 'klɔ:z]	Relativsatz	see defining / non-defining relative clause, contact clause
relative pronoun ['relətɪv 'prəʊnaʊn]	Relativpronomen	the man *who / that* helped me; a story *which / that* really happened
reported speech [rɪ'pɔ:tɪd 'spi:tʃ]	indirekte Rede	She said *she couldn't come.* (cf. direct speech)
sentence ['sentəns]	Satz	
s-genitive ['es'dʒenɪtɪv]	s-Genitiv	*Mum's* computer, *Kate's* book
short answer ['ʃɔ:t 'ɑ:nsə]	Kurzantwort	Do you like milk? – Yes, *I do. / No, I don't.*
short forms (of auxiliaries)	Kurzformen (der Hilfsverben)	We*'ve* landed. She*'s* on holiday. I *haven't* met her. (cf. full forms)
simple form ['sɪmpl 'fɔ:m]	–	He *works / worked / has worked,* etc. (cf. progressive form)
simple past ['sɪmple 'pɑ:st]	–	She *packed* her suitcase and *left.* (cf. past progressive)

simple past perfect ['sɪmple ˌpɑːst 'pɜːfekt]	–	After I *had written* the letter, I took it to the post office. (cf. past perfect progressive)
simple present ['sɪmple 'preznt]	–	She *works* for a newspaper. (cf. present progressive)
simple present perfect ['sɪmple ˌpreznt 'pɜːfekt]	–	I *have written* a letter. (cf. present perfect progressive)
singular ['sɪŋgjʊlə]	Singular (Einzahl)	a *book*, a *magazine*, etc. (cf. plural)
speech intention ['spiːtʃ ɪn'tenʃn]	Sprechabsicht	
statement ['steɪtmənt]	Aussage(satz)	see positive / negative statement
subject ['sʌbdʒekt]	Subjekt	*She* gave me a book. (cf. direct / indirect object)
subject form (of personal pronouns)	Subjektform (von Personalpronomen)	*I / He / She / We / They* did it. (cf. object form)
subordinate clause [sə'bɔːdənət 'klɔːz]	Nebensatz	*If it rains*, we'll stay at home. (cf. main clause; see also adverbial clause, *that*-clause, interrogative clause, relative clause)
substitutes (for modal auxilliaries) ['sʌbstɪtjuːts]	Ersatzformen (von modalen Hilfsverben)	I can swim. – I *will be able to* swim. You may go. – I *was allowed to* go.
suffix ['sʌfɪks]	Nachsilbe	teac*her*, move*ment*, danger*ous*, etc. (cf. prefix)
summary ['sʌmərɪ]	Zusammenfassung	
superlative (form) [suː'pɜːlətɪv]	Superlativ	*best, fastest, most expensive*, etc. (cf. comparative)
syllable ['sɪləbl]	Silbe	e-ne-my, beau-ti-ful
tense [tens]	Zeitform	present tense, past tense, etc.
that-clause ['ðæt ˌklɔːz]	*that*-Satz	I didn't realize *(that)* he had left.
verb [vɜːb]	Verb	*be, have, work, know*, etc.
verb of perception [pə'sepʃn]	Verb der Wahrnehmung	*see, hear, feel, smell, taste, notice*
verbal expression ['vɜːbl ɪk'spreʃn]	verbaler Ausdruck	*be interested in, be keen on, be likely to*, etc.
will-future ['wɪl ˌfjuːtʃə]	–	The trip *will take* about four hours.
word order ['wɜːd ˌɔːdə]	Wortstellung	(e.g. subject – verb – object)
word formation	Wortbildung	(e.g. *re-* + *write* → *rewrite*)
yes/no question	Entscheidungsfrage, *Ja/nein*-Frage	*Do you like milk?* – Yes, I do. / No, I don't.

Index

Die Zahlen in diesem Index verweisen auf die Abschnitte der Grammatik, nicht auf die Seiten.

Die Zahlen in diesem Index verweisen auf die Abschnitte der Grammatik, nicht auf die Seiten.